Desarrollo de Aptitudes Basado en Principios

Desarrollo de Aptitudes Basado en Principios

En Artes Marciales Tradicionales

RUSS SMITH

Burinkan Martial Arts
Martial Forest LLC

Avisio Legal

El autor y el editor de este libro RECHAZAN CUALQUIER RESPONSABILIDAD sobre cualquier lesión como resultado de las técnicas que se enseñan en este libro. Se aconseja a los lectores que consulten a un médico antes de someterse a cualquier entrenamiento extenuante o actividad física peligrosa. Este libro detalla técnicas peligrosas que pueden causar lesiones físicas graves e incluso la muerte. La práctica y el entrenamiento requieren un alumno sano y en forma y un instructor cualificado.

Primera edición: 01 de julio de 2023
©2023 Russ L. Smith
Traducción a español: Juan Luis Cadenas de Llano Bajo

ISBN-13: 979-8-9873969-6-4
ISBN-10: 8-9873969-6-4

Todos los derechos reservados. Queda prohibida la reproducción total o parcial de esta publicación por cualquier medio, ya sea electrónico o mecánico, incluidas la fotocopia, la grabación o cualquier sistema de almacenamiento y recuperación de información, sin la autorización previa por escrito del editor.

Fotografía: Fishbone Creative
Editado por Russ Smith
Diseño interior: Summer Bonne
Diseño de cubierta: Alex Do and Summer Bonne

Tabla de Contenidos

Principios de Lucha de los Estilos Chinos ix

Agradecimientos xi

Prólogos xiii

    Patrick McCarthy xiii

    Marcus Davila xvi

    Fred Lohse xviii

Introduccción 1

    Así pues ¿CÓMO implantar un modelo basado en principios? 6

    Paso 1 – Comprender que enseñar es comunicar. 8

    Paso 2 - Identificar los principios aplicables y sus correspondientes conjuntos de aptitudes físicas. 11

    Paso 3 – La enseñanza es una profesión. Abordar el proceso como un pedagogo. 12

    Paso 4 - Desarrollar y modificar el currículum para fomentar realmente el desarrollo progresivo de las habilidades. 15

    Cómo usar este libro 16

    Consideraciones 17

La Base: Terminología e Hipótesis fundamentales 19

    La Realidad - Qué ES un Arte Marcial 19

    El Mito – Qué NO es un Arte Marcial 20

    El principio fundamental de la autodefensa: "Defiéndete, y controla a tu atacante." 21

    Formas de Control 23

    Uso de la palabra "Avanzado" 26

    Fa/Xing/Gong – Un Ejemplo de Esquema Sencillo 31

Fa (Métodos Generales) 35

    Timing – Comprendiendo "el Juego" 35

    La agresividad es necesaria; la pasividad acaba perdiendo 43

    Alarga tus técnicas lo que sea necesario 44

Mira al frente – Trae todas las "armas" al frente 47

Arma más Cercana, Objetivo más Cercano – Ya Casi has Llegado 53

Continúa adelante, despejando los obstáculos – Presiona el ataque 58

Llena el Espacio Muerto (Optimizando el timing) 65

Flanqueo, Posicionamiento y Mano Adecuada 70

Análisis 77

Ejemplo 1 – Desde la posición exterior 81

Resumen del Capítulo 84

Xing (Las Herramientas) 85

Tres puertas y Tres segmentos 85

Defensivamente – Tres Puertas (san men / 三門) 87

Ofensivamente – Tres Segmentos (san jie / 三節): 92

Las Manos no Persiguen a las Manos 104

Controla Dos con Uno 105

Cuidado con el Dos Sobre Uno 111

Defensor aplica maniobra de dos contra uno 111

Crear (添) 124

Desconectar (脫) 126

Mover (行) 129

Detener (拘 / 扣) 133

Cruzar (過) 138

Romper (斷) 143

Adherir (粘) 149

Resumen 157

Resumen del capítulo 157

Gong (La Potencia) 159

Lucha con el Cuerpo Unificado 160

Bloqueando/Recibiendo/Puenteando Acciones 165

Fuerte vs Débil 166

Atacar la Postura y/o el Equilibrio del Adversario 176

Buscar el Centro 177

Utilizar Dos Puntos de Presión 183

Defensa Contra Dos Puntos de Presión 187

Aplicar los Conceptos de los Cuatro Movimientos 192

Potencia en Corto 200

Sé el Primero en Cambiar la Energía 213

Resumen del Capítulo 217

Un Modelo de Enseñanza para un Desarrollo Progresivo de Habilidades 219

Paso 1 - Desarrollo de Habilidades Individuales (Conocimientos) 220

Paso 2 - Habilidades Combinadas con la "Selección" (Comprensión) 222

Paso 3 - Plataforma libre/Laboratorio (Transferencia) 226

Resumen de la progresión de la formación 227

Nivel 1 – Pegarse, Fijar, "Escuchar" 228

Nivel 2 - Selección de objetivos, Posición, Entradas 230

Nivel 3 - Redirección, Neutralización, Conciencia 232

Nivel 4 - Fluir Alrededor de Obstáculos, Alternativas 234

Nivel 5 - Diferentes "Formas de Control" 236

Epílogo 239

Sobre el Autor 241

Entrevista con el Dr. Mark Wiley 243

Fuentes / Referencias 247

Apéndice A Ejemplos de palabras clave 251

Principios de Lucha de los Estilos Chinos

Comprender las formas de control, tanto físico como mental, en todos los momentos: después, durante y antes.

En defensa, debes utilizar las tres puertas para proteger tu centro y evitar controlar una con dos. Muévete con la fuerza de todo tu cuerpo para llenar el vacío.

Para alcanzar el nivel avanzado, debes apilar todas las probabilidades a tu favor y dominar la voluntad del oponente con la tuya.

En ataque, debes expresar una potencia corta, utilizando el cuerpo de forma unificada. Las manos son simplemente el punto de contacto.

Llena los momentos muertos y no permitas que las manos persigan a las manos. Permaneciendo relajado y manteniendo las armas en línea, el arma más cercana encontrará el objetivo más cercano.

Cuando domines las tres articulaciones, fluirás alrededor de los obstáculos, controlarás dos con una, presionarás siempre hacia delante y crearás un puente con seguridad. Una vez conectado, podrás cruzar, romper, pegar, transferir, detener, mover y romper el contacto a voluntad.

Debes entender la aplicación de lo fuerte contra lo débil mientras buscas el centro de tu oponente, utilizando la mano adecuada para abrir la cuarta puerta.

Recuerda siempre que debilitar la estructura de tu oponente hurta su mente.

© Russ Smith, Burinkan Dojo

Agradecimientos

Me gustaría reconocer y agradecer a las siguientes personas su apoyo y ánimo a lo largo de los años y durante la creación de este libro:

- A mi esposa, Nicole, que apoyó mis viajes al extranjero y por todo el país, y mi ferviente deseo de entrenar y estudiar noches y fines de semana durante décadas. Me gustaría darle las gracias especialmente por abrir nuestra casa a los visitantes y hacer que se sintieran bienvenidos.
- A Eric Ling, que ayudó a introducir en Occidente la profundidad de las artes marciales de calidad de Malasia y Singapur. Le atribuyo el mérito de haberme enseñado lo que puede ser un modelo de enseñanza chino, y cómo puede cambiar nuestro proceso de desarrollo de habilidades.
- A Mark Wiley, que demostró qué se puede hacer para transmitir un conjunto de tradiciones de forma eficaz reordenando los contenidos, utilizando un modelo de instrucción más claro y progresivo. Gracias por tu amistad, y por compartir conmigo libremente tus conocimientos de Eskrima y Ngo Cho Kun.
- A Marcus Davila, que compartió su visión del Goju-ryu y me ayudó a reconectar con el arte después de haberme alejado de este para entrenar en las "artes hermanas". También me gustaría reconocer su habilidad como entrenador y su paciencia enseñando, combinada con su sensibilidad táctil y conocimiento de proyecciones e inmovilizaciones. Por último, gracias por ser un compañero de entrenamiento increíble y un gran amigo. Sin tu apertura para explorar y poner a prueba este material en el dojo, también conocido como el "laboratorio", no tendríamos una comprensión tan clara. La mayoría de las verdaderas habilidades que he desarrollado han de atribuirse directamente a nuestras muchas horas juntos.
- A Kevin Halleran, que no se limitó a asentir ante mis numerosas apelaciones iniciales a la autoridad. Por cuestionarme a evaluar y documentar mis suposiciones y prejuicios. Gracias por sugerirme que utilizara mi mente "occidental" y las herramientas racionales de mi profesión para comprender y enseñar mejor el arte. Gracias por nuestra larga amistad y por tu apoyo.

- A Tony Madamba, que me proporcionó una base sólida y se aseguró de que me esforzara... "mo ichi do".
- A Sensei Kimo Wall, que me dio la oportunidad de aprender los métodos del Shodokan y fue un ejemplo para mí de cómo asumir la tradición.
- Al Sensei Gakiya Yoshiaki, que compartió conmigo el espíritu de Okinawa. Su enfoque de enseñanza basado en la evidencia, la presión y la estructura probada es algo que valoro y transmito a mis alumnos.
- A Sifu Simon Liu (雷龍春), que me enseñó libremente el antaño prohibido y raro arte de Pak Mei.
- A Sifu Joshua Durham por ayudar con las fotos del libro y los ejemplos con las aplicaciones.

Y por último, pero no por ello menos importante, me gustaría dar las gracias a estos excelentes artistas marciales por su ayuda en la comprensión y traducción de términos chinos a su contexto útil y correcto:

- Sifu Dominic Lim
- Sensei Hing-Poon Chan
- Sifu David Wong
- Tory Ellarson
- Sifu Robert Chu, y
- Sifu Grant Brown

Prólogos

Patrick McCarthy

Me complace prestar mi nombre al libro de Russ porque ejemplifica y documenta los resultados de un importante viaje.

Cualquiera que conozca mi trabajo sabe que me apasionan las artes de lucha tradicionales, pero prefiero la funcionalidad al ritual vacío. Creo que Matsuo Basho /松尾芭蕉 [1644- 1694] resumió muy bien la tradición cuando escribió: "No busques seguir [ciegamente] los pasos de los hombres de antaño, más bien continúa buscando lo que ellos buscaron." Este libro de Russ Smith identifica y describe numerosos principios de aplicación de todas las influencias potencialmente precursoras del Goju-ryu. Y lo que es más importante, trata con extremo detalle aquellos secretos estrechamente guardados y sólo conocidos por algunos, vigorosamente buscados por los pioneros del Karate de Okinawa, que se interesaron por las veneradas artes de combate de Fuzhou.

Incluso la perspectiva de Miyagi Chojun sobre el tema (documentada por Nakaima Genkai) de los misterios del arte que le transmitió su maestro, Higashionna Kanryo, apuntan a una falta de comprensión en la transmisión de la tradición:

"Estudiar karate hoy en día es como caminar en la oscuridad sin una linterna. Tenemos que andar a tientas en la oscuridad. Hay muchas cosas en el karate que no tienen sentido y hay muchas cosas que no entiendo. Por lo tanto, mientras nuestros grandes maestros sigan vivos, tenemos que verlos y hacerles muchas preguntas. Creo que, aunque lo hagamos, sigue siendo muy difícil encontrar las respuestas."

El autor y yo mantenemos correspondencia desde principios de los años 90. Russ tuvo la suerte de vivir en un pequeño pueblo que visitaba periódicamente uno de mis primeros alumnos y amigos más cercanos, Ron Beer. Tuve la oportunidad de aprender algunas formas de entrenamiento poco comunes y enseñárselas a Ron. La naturaleza de mi investigación despertó el interés de Russ, que comenzó a escribirme con preguntas sobre la historia del Goju-ryu y las influencias chinas progenitoras que dieron forma a su práctica. Compartiendo abiertamente con él lo que pude, Russ continuó su viaje, tanto en Okinawa como en otros lugares, para comprender mejor las raíces del Goju-ryu.

En los años siguientes, Russ continuó profundizando en el estudio del Goju Ryu de Okinawa y, con el tiempo, su búsqueda le llevó a viajar por EE. UU., Malasia, Singapur, Filipinas y Okinawa, todo ello para comprender mejor sus conceptos de combate y estudiar el arte en su origen. Además de la tradición principal, el Goju Ryu, su viaje también le puso en contacto con varias disciplinas del sur de China [diversas escuelas de Grulla Blanca, Boxeo de los Cinco Ancestros, Gran Ancestro y Ceja Blanca, etc.], que ya los pioneros de Okinawa probablemente conocieron.

Lo que Russ ha hecho en este libro es proporcionar docenas de principios de aplicación y prácticas de artes de lucha del sur de China, incluyendo las que más posiblemente influyeron en el karate de Okinawa, y en el Goju Ryu específicamente; y no sólo hacerlas accesibles, sino lo más importante, hacerlas factibles. Este trabajo se apoya en una premisa teórica que expuse en 1993, en la que sugería que los kata nunca tuvieron originalmente la intención de enseñar nada, sino de culminar las lecciones impartidas en los ejercicios para dos personas (Teoría de los Actos Habituales de Violencia Física (HAPV en inglés). Muchos de estos principios están estrechamente guardados en las tradiciones de Fuzhou. Se resumen como "palabras clave" o se ocultan en poemas. Sin embargo, en la obra que tiene ante usted, están catalogados y presentados en una progresión lógica con numerosos ejemplos.

Los principios que aquí se presentan pueden ayudar a cualquier profesional a mejorar su entrenamiento a dos personas. Actúan como una lista de control, permitiendo tanto al alumno como al instructor determinar fácilmente qué principio(s) puede(n) faltar en una aplicación fallida. Al hacerlo, la oportunidad de reforzar una vez más la práctica de entrenamiento con la comprensión y las modificaciones apropiadas proporciona una vía para desarrollar valiosos conjuntos de habilidades funcionales contra las HAPV más comunes.

Aunque se exploran principalmente a través de la lente del Goju-ryu, tales principios, junto con el camino único presentado, son esenciales tanto para el practicante como para el instructor como recordatorio de los aspectos necesarios para una aplicación exitosa. La mayoría de estos principios son altamente complementarios dentro del Goju-ryu, sin embargo, son universales por naturaleza. Como todas las buenas ideas, su utilidad es amplia y su valor de aplicación inconmensurable.

Recomiendo encarecidamente este libro, no sólo por su valor de referencia en la aplicación de principios y prácticas, sino también por su estructura única en torno a los modelos de enseñanza que apoyan el conjunto de habilidades basadas en principios, que son fundamentales para el karate okinawense en general, y para el Goju Ryu en particular.

Para concluir, recuerdo algo que dijo Miyagi Chojun en la "Reunión de Maestros de Okinawa" de 1936: "Dicen que el karate tiene dos sectas separadas: Shorin-ryu y Shorei-ryu, sin embargo, no hay pruebas claras que apoyen o nieguen esto. Si me obligaran a distinguir las diferencias entre estas sectas, tendría que decir que lo que las divide son sólo los métodos de enseñanza." Creo que el trabajo de este joven maestro apoya definitivamente esta creencia y está destinado a convertirse en una referencia obligada para todos los practicantes de las artes de lucha tradicionales, al margen del estilo.

Patrick McCarthy
マカシー　パトリック
Hanshi 9th Dan
範士九段
Australian Black Belt Hall of Fame 2000
Canadian Black Belt Hall of Fame 2012

Marcus Davila

Aunque no sabemos exactamente cuándo o dónde comenzaron las artes de combate, la historia de la humanidad sirve como prueba de que siempre ha existido la necesidad de un medio de protección civil y marcial. Aunque los matices y la semántica de las tradiciones marciales de cada generación no puedan comprenderse plenamente sin perder cierto grado de sus significados originales y pretendidos, sirven como método instrumental a partir del cual registrar, preservar y transmitir las sabidurías del descubrimiento y subsistencia.

Se sabe que las tradiciones se forman y evolucionan a lo largo del tiempo a partir de una amalgama de orígenes y fuentes culturales e interculturales. La transmisión de su esencia depende en última instancia de las percepciones, preferencias, capacidad e intención de sus impulsores. A medida que cada generación se aleja de los orígenes de las creencias y métodos de sus predecesoras, es importante investigar los motivos por los que se crearon y, a continuación, corroborar los fundamentos por los que se siguen y transmiten.

La autenticidad de las artes marciales, junto con sus tradiciones y linajes, siempre será objeto de especulación y discordia debido a los aspectos vagos y fragmentados de sus pasados. Es importante reconocer que la naturaleza intrínseca de las costumbres es cambiar y adaptarse a través de las influencias, recursos y circunstancias del entorno, la época y la tecnología. Si queremos superar la inconsistencia del pasado, debemos considerar que la verdadera esencia y legado de las artes marciales, sus tradiciones y linajes se encuentran y manifiestan a través de las sabidurías subyacentes de sus enseñanzas, que trascienden más allá de los atributos o interpretaciones de cualquier generación o causa.

Sin medios ponderados a partir de los cuales identificar, definir y desarrollar métodos basados en principios que demuestren, apliquen y evalúen eficazmente la progresión y la destreza de las habilidades, nos volvemos dependientes de las narraciones y experiencias de otros. La guía de los maestros desempeña un papel fundamental en la progresión de cualquier proceso de aprendizaje y enseñanza.

Si queremos ir más allá del aprendizaje y la enseñanza a través de la repetición de la imitación, las opiniones del consenso popular, los confines de la autoridad institucional y las agendas personales, debemos ser capaces de superar los obstáculos de nuestras diferencias mediante los fundamentos y la fusión de soluciones pragmáticas demostrables.

Presento con gran admiración la investigación y el descubrimiento de un ávido y adepto practicante de las artes marciales. En las siguientes páginas, Russ Smith presenta un estudio lúcido y fascinante del estilo Goju-Ryu Karate de Okinawa a través de la perspectiva de sus influencias chinas. Cada capítulo contiene un índice excepcional y una serie de conceptos formativos para modelos de enseñanza y entrenamiento basados en principios, y sirve como una guía beneficiosa desde la que alinear y fundamentar métodos para el progreso del aprendizaje y la enseñanza.

Aplaudo la creación y perspectiva de esta composición cautivadora e informativa y anticipo que provocará efectos positivos y duraderos en el futuro sobre cómo se ven los preceptos y sus estrategias y tácticas marciales y civiles del Karate Goju-Ryu de Okinawa, independientemente del estilo, linaje o afiliación. Creo sinceramente que los conceptos presentados en este libro servirán de inspiración que ilumine el camino para el progreso de otros. Para terminar, me gustaría expresar mi más sincera gratitud por el tiempo que Russ y yo hemos pasado compartiendo el camino como amigos, alumnos y profesores. Creo que nuestros mejores entrenamientos están aún por llegar.

Sensei Marcus Davila
Kokonden Goju-Ryu Karate
Dade City, Florida USA

Fred Lohse

Recuerdo un seminario, hace años, en el sur de Japón. El sensei tenía una reputación estelar y un linaje excelente. Sin embargo, el entrenamiento fue arduo e incluyó miles de repeticiones de lo básico, kata, golpes de brazo y pierna, ¡todo! Terminamos cansados y doloridos. Más tarde, cuando me preguntaron: "¿Qué has aprendido?" tuve que responder con sinceridad: "Nada. Sólo trabajamos duro todo el fin de semana". Las artes marciales implican trabajo duro, así que eso en sí no es malo. Pero ese fin de semana fue un desperdicio, a menos que sólo buscara ejercitarme. Lo que no hicimos en todo el fin de semana fue algo que nos ayudara a mejorar por nuestra cuenta una vez terminadas esas jornadas, y nada que demostrara claramente los principios de nuestro karate y cómo desarrollarlo en nosotros mismos.

Principios. Bien, otra palabra de moda en las artes marciales. Se oye mucho hoy día. Práctica centrada en principios, principios de combate, principios de movimiento, etc. La mayoría de los sistemas se basan en principios específicos. Muchos buenos profesores pueden explicártelos. Sin embargo, en los círculos del karate okinawense y japonés, los principios a menudo se ignoran o se tratan de boquilla. En su lugar, los principios se sustituyen por la idea del conocimiento revelado: uno debe "entrenar el kata hasta que el kata te entrene a ti". La idea es que, mediante la repetición interminable, el sistema se arraigará de algún modo sin que nos demos cuenta. Pero, aparte de que parece que se tarda décadas en "pillarlo", uno de los principales defectos de este modelo es la interferencia. Si un profesor omite un principio importante del sistema en las repeticiones, el alumno nunca lo entenderá y ni siquiera sabrá que falta. Las repeticiones no harán más que arraigar los fallos junto con el buen material ¿Qué se puede hacer al respecto?

Sensei Russ Smith ha tomado los principios arraigados en su práctica y ha desarrollado un modelo de entrenamiento en el que puede comprobar los errores de la práctica e inculcar los principios deseados en el estudiante. No se trata sólo de una visión personal del entrenamiento y la enseñanza. Se basa en el uso de principios transmitidos directamente (es decir, claramente enseñados) que se encuentran en algunas artes marciales del sur de China. También usa algunos de los enfoques pedagógicos más modernos, como la idea de que "el mejor practicante debe ser el mejor maestro", de la que muchos círculos de artes marciales podrían beneficiarse enormemente.

Tomadas en conjunto, estas ideas resultan ser complementarias, y desafían a cualquiera que piense que cualquier cambio en el mundo de las artes marciales es un paso atrás.

Las ideas de Sensei Russ Smith me parecen bastante acertadas. Dar a los alumnos las herramientas para autocorregirse y autodirigirse. Pasar de la memorización a la función. Hacerlo en menos tiempo y con menos interferencia. Por supuesto, se necesita repetición y mucho trabajo duro, pero en lugar de esperar a que las ideas se revelen en la práctica, la práctica se utiliza para trabajar con las ideas. Es un entorno de formación más sólido, aunque le quite algo de mística al profesor. Y, alerta de spoiler: también es más divertido.

Me alegro de que Russ sensei haya decidido publicar este libro. Creo que tanto los artistas marciales veteranos como los principiantes lo disfrutarán y descubrirán que experimentar con estas ideas tendrá un efecto positivo en su arte. Representa muchas horas de trabajo duro y experimentación, de destilar lo que se le ha enseñado, y de trabajar en cómo transmitir mejor ese conocimiento. Es extraordinario que lo comparta, ¡no todo el mundo quiere dar su mejor material al público! Disfrútalo.

Sensei Fred Lohse
Instructor Jefe – Boston Kodokan

武林館

1

Introduccción

En mi experiencia entrenando, estudiando y enseñando karate Goju-ryu okinawense, he encontrado un número significativo de estudiantes y profesores que comparten muchas de mis preocupaciones sobre el modelo o modelos de enseñanza utilizados a menudo para presentar el contenido de esta tradición.

Es bastante común que el currículum del karate, al margen de estilo, se enseñe en tres segmentos:

- Kihon: Movimientos fundamentales, tanto ofensivos como defensivos, que suelen practicarse en solitario,

- Kata: Secuencias preestablecidas, tanto en solitario como en pareja (como en bunkai- kumite, kiso kumite, sandan gi y yakusoku kumite), y

- Kumite: Simulacros o prácticas de lucha, que a menudo siguen un modelo de kickboxing, en el que las técnicas primarias suelen diferir drásticamente en forma, ejecución y combinación de los movimientos de kihon y kata.

Aunque es racional entender la propia formación en categorías separadas, no es habitual que estas tres formas de formación sólo se solapen un poco en la práctica.

En este modelo común, el análisis y el examen de kata (llamado bunkai / 分解) es una actividad adicional, lo que resulta en la ingeniería inversa, aplicaciones de autodefensa (oyo / 応用 / "one-offs") o aplicaciones "prestadas" de otros estilos que intentaban explicar el significado original o el contexto del kata en solitario.

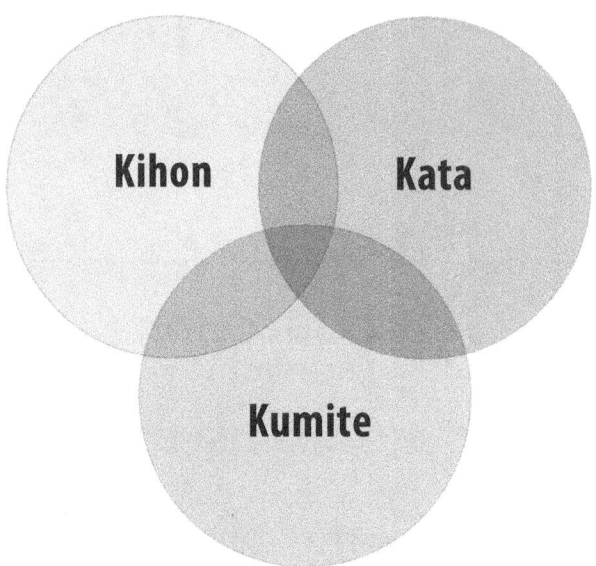

Diagrama de Venn de las tres formas de entrenamiento en Karate

Con este enfoque de batiburrillo, muchos practicantes asumen que debe haber una lista de reglas para la comprensión y aplicación del kata... una "piedra de Rosetta" que ayude a desentrañar el misterio del oyo.

Según mi experiencia, este modelo (kihon, kata, kumite, oyo) deja a muchos practicantes de antiguas tradiciones marciales frustrados, en cierto modo, ya que se quedan con numerosas preguntas:

- ¿Por qué los movimientos kihon no están bien representados, si es que lo están, en el kumite?

- ¿De qué modo los katas en pareja, memorizados y preestablecidos, implementan verdaderas habilidades?

- ¿Me proporciona el modelo de kickboxing las habilidades para aplicar mis movimientos de kihon y kata en el contexto apropiado y cuando más se necesitan?

- ¿Cómo podré utilizar los movimientos y combinaciones más singulares que sólo se ven en los katas en un método "vivo" coherente con los principios básicos y las preferencias del estilo?

- ¿Por qué muchos de los "Oyo Bunkai" que veo parecen irracionales, arriesgados, muy específicos para unas condiciones concretas, o contrarios a las ideas fundamentales del estilo?

- ¿Por qué, bajo una velocidad, presión y distancia más realistas, muchos de los "Oyo Bunkai" que me enseñan simplemente fallan o me dejan peligrosamente abierto al contraataque?

- ¿Cómo me sentiré seguro de que puedo aprender y luego aplicar las lecciones codificadas en los movimientos del kata?

Dado que compartía muchas de estas inquietudes y preguntas, y porque era consciente de las conexiones históricas entre el karate okinawense[1] (Goju-ryu en particular) y las artes marciales de Fuzhou y sus alrededores, (provincia de Fujian), busqué entrenar[2] directamente en varias de esas artes, que tienen una alta probabilidad de haber influido en la formación del estilo. Lo hice con la esperanza de comprender mejor los métodos de enseñanza y los modelos de entrenamiento utilizados por estos estilos para influir en el desarrollo técnico y en sus prácticas de aplicación.

Lo que encontré en muchos casos fue un conjunto de "principios" más claramente definidos que describían los conceptos de lucha del arte. También descubrí que ofrecían métodos de enseñanza alternativos para ayudar a guiar a los estudiantes a aplicar su arte de forma más coherente, a emplear sus formas en el contexto en el que (probablemente) fueron concebidas originalmente y a ayudar a desarrollar habilidades "vivas" con mayor rapidez.

Las artes chinas cuentan con poemas y libros escritos hace mucho tiempo que describen los fundamentos de sus métodos de entrenamiento y teoría de la lucha, aunque estén profundamente codificados.

---

[1] Sobre todo por los primeros escritos de Patrick McCarthy, Mark Bishop, John Sells, etc.
[2] Véase "Sobre el autor" para más información.

El ejemplo más famoso que ha influido en Okinawa es el Bubishi del General Tian, traducido y difundido ampliamente por el Sensei Patrick McCarthy.

Sensei Patrick McCarthy con una copia del Bubishi del General Tian

Al hablar de principios en profundidad, es importante entender que nuestra definición de la palabra principio es un término que engloba las siguientes palabras:

- Estrategia
- Concepto
- Principio
- Teoría
- Pauta
- Táctica

- Precepto
- Máxima
- Regla
- Preferencia
- Palabra clave
- Advertencia

Se han desarrollado multitud de artes marciales, tanto de forma independiente como a través de la innovación en todo el mundo y a lo largo de la historia de la humanidad. A diferencia de las armadas, las artes marciales sin armas (por su naturaleza) no han evolucionado a través de una "carrera armamentística", sino que se han desarrollado como variaciones a través de una serie de preferencias y tácticas para el uso del cuerpo humano como máquina de combate, así como una enorme cantidad de variaciones en sus métodos de enseñanza.

Los principios que se tratan en este libro, así como sus ejemplos, se basan en un conjunto de hipótesis e inclinaciones subyacentes que manifiestan la comprensión y preferencias del autor en torno a la aplicación de un arte de lucha, el Karate Goju-ryu de Okinawa, que el autor considera como un arte de agarre y golpeo de pie en el cuerpo a cuerpo.

Mientras que muchos de los principios presentados aquí pueden apoyar otras formas de artes marciales a distancias más largas, principalmente artes de golpeo o grappling, no todos los principios apoyarán a todas las artes por igual. Si aplicas Goju-ryu principalmente como arte de golpeo, puede que algo de lo que planteo no resuene bien con tu paradigma de entrenamiento. Eso es perfectamente aceptable, pues este modelo no es el único útil para entender este arte o todas las artes de combate cuerpo a cuerpo, de agarre o de golpeo. El valor real de este enfoque es que ofrece un modelo útil para esbozar un conjunto de objetivos (principios), sugiere su uso coherente y se centra en garantizar el desarrollo de habilidades vivas por encima del desarrollo de rutinas predeterminadas y memorizadas.

La mera comprensión de un conjunto de principios no garantiza por sí sola la solución de todos estos problemas; sin embargo, disponer de un conjunto coherente de definiciones y de un conjunto claro de objetivos y directrices puede ayudar a desarrollar en el practicante numerosas capacidades, como las siguientes:

- Capacidad para comprender qué hace que las técnicas sean eficientes y efectivas en su aplicación.

- La capacidad de comprender qué elementos de eficacia y efectividad faltan en una aplicación fallida.

- La capacidad de definir claramente el valor del desarrollo de habilidades de un ejercicio de entrenamiento concreto.

- La capacidad de utilizar técnicas de desarrollo curricular probadas, como la "planificación retrospectiva"[3], para garantizar que un plan de estudios sea progresivo en su pedagogía de desarrollo de habilidades.

- La habilidad de comprender más fácilmente técnicas y aplicaciones desconocidas de otras tradiciones marciales y relacionarlas con principios comúnmente comprendidos.

- La capacidad de corregir los errores del programa de entrenamiento, transformándolo de "basado en la memoria" a "basado en habilidades", y de la repetición innecesaria a la creación progresiva de habilidades.

El mayor valor de utilizar un enfoque basado en los principios en el entrenamiento y la enseñanza es apoyar el objetivo del verdadero desarrollo de habilidades.

Así pues ¿CÓMO implantar un modelo basado en principios?

Incluso si no te identificas personalmente con los problemas expuestos o con las preguntas y preocupaciones sin respuesta que comparten muchos artistas marciales tradicionales, quizá algunos de los beneficios potenciales del enfoque basado en principios, como la detección y corrección de errores sí que te atraigan. En cualquier caso, la siguiente pregunta a responder es: "Si un enfoque basado en principios es tan útil ¿cómo se pueden utilizar mejor los principios en el entrenamiento y la enseñanza?"

Hay varios pasos importantes para implantar en la enseñanza un enfoque basado en principios y centrado en las habilidades:

1. Es importante entender que enseñar ES comunicar, y representa una clase de comunicación con sus propios retos. Como tal, la terminología es de vital importancia. Debes desarrollar y utilizar un léxico coherente para 1) ayudarte en tus propios procesos de pensamiento y planificación, y 2) permitir una comunicación clara, concisa y eficaz con los estudiantes.

---

3 La planificación retrospectiva es un método para desarrollar el currículum clarificando los objetivos antes de seleccionar o desarrollar los métodos de instrucción y la metodología de las pruebas.

2. Es importante identificar los principios que representan las preferencias de tu estilo e identificar las habilidades físicas que apoyan esos principios. Identificar claramente los conjuntos de habilidades que apoyan el enfoque basado en principios de tu estilo te permite crear y modificar el currículum para apoyar el desarrollo de habilidades relacionadas con los principios.

3. Es fundamental identificar que la ENSEÑANZA es una profesión con un conjunto de habilidades y objetivos asociados, distintos de los de un practicante. Es importante como profesor tener claro que nuestros objetivos en la enseñanza de artes marciales deben incluir la idea de que desarrollar habilidades vivas en nuestros alumnos es una prioridad mayor que entrenar la memoria de nuestros alumnos. También es importante tener en cuenta que los alumnos aprenden a aplicar la información en un proceso progresivo. Los alumnos aprenden primero componentes sencillos de información, luego comprenden cómo encaja ese conjunto de habilidades en un contexto más amplio y, por último, aprenden aplicando sus conocimientos fuera de ejercicios predefinidos. Igualmente importante es que los profesores tengan una idea muy clara de los objetivos que proponen a sus alumnos, y desarrollen formas de medir el progreso de los estudiantes en relación con esos objetivos. Sólo cuando estas dos actividades se hayan completado, el profesor debe esforzarse en desarrollar los ejercicios y los planes de clase que los alumnos encontrarán en primer lugar. Los profesores deben utilizar este enfoque de "planificación retrospectiva" para asegurarse de que sus métodos de enseñanza apoyan realmente el desarrollo progresivo de las destrezas.

4. Los profesores deben trabajar para desarrollar y modificar su currículo de enseñanza, de modo que apoye el desarrollo progresivo de habilidades. En primer lugar, permitiendo que los alumnos adquieran unidades sencillas de "conocimientos" útiles necesarios para progresar. A continuación, los profesores deberían crear métodos de entreno que permitan a los alumnos comprender la utilidad de estas habilidades en un contexto más amplio... cómo esos métodos son útiles en la autodefensa, al tiempo que guían a los alumnos para que combinen y liguen habilidades útiles en ese contexto. Además, el profesor debe proporcionar un entorno y una plataforma que permitan al alumno "poner a prueba" lo que sabe y experimentar con la aplicación de su arte en situaciones no previstas en la lección predefinida.

Veamos este proceso con algo más de detalle.

Paso 1 – Comprender que enseñar es comunicar.

La base de una comunicación eficaz es una terminología compartida. La enseñanza es una forma de comunicación bastante singular, en la que el profesor soporta la carga de tener que llegar al alumno con su lección. El profesor es la única persona de la relación capaz de determinar si el mensaje se ha recibido bien.

Este enfoque puede considerarse contrario al antiguo modelo confuciano, que traslada la responsabilidad del éxito del profesor al alumno; un modelo que apoya principalmente a los alumnos con más talento y/o motivados.

> 举一隅, 不以三隅反, 则不复也
>
> "Toda verdad tiene cuatro esquinas.
>
> Como profesor, te doy una de ellas, de ti depende encontrar las otras tres."
>
> Confucio

El modelo confuciano tiene su valor en tanto en cuanto no es partidario de mimar a los alumnos desmotivados. Sin embargo, tal vez sea el menos apropiado en la enseñanza de artes marciales, pues la capacidad de un alumno para comprender una lección de forma rápida y completa puede significar la diferencia entre la vida y la muerte.

Con todo lo que está en juego en esta forma de comunicación, es importante comunicar bien y de forma completa. Para que la comunicación sea eficiente y eficaz, la terminología debe ser clara, concisa y coherente, y se ha de examinar críticamente la utilidad de la jerga.

La terminología debe ser clara, concisa y coherente.

La claridad es importante porque una comunicación clara favorece tanto la eficacia como la eficiencia, que son objetivos útiles en cualquier entorno de enseñanza.

La comunicación más eficaz crea un entendimiento instantáneo y compartido entre el profesor y el alumno. Si la comunicación es clara, el profesor puede determinar lo siguiente:

- Tener un mayor nivel de confianza inmediata en que el alumno ha recibido la lección/mensaje
- Detectar y corregir más fácilmente los errores o malentendidos de los alumnos

Una comunicación eficaz es también concisa. Cuando la comunicación no es concisa, el debate, la detección de errores y la corrección ocupan una mayor parte del tiempo de entrenamiento y es probable que interfieran con la capacidad del alumno para practicar ejercicios de desarrollo de habilidades y, a continuación, probarlas con el material presentado.

En una actividad física, como las artes marciales, es importante maximizar el tiempo de práctica física. La práctica en solitario para los principiantes y en pareja para todos los demás niveles de destreza permite un verdadero desarrollo de la destreza como objetivo principal del alumno y del profesor. A medida que se gana en eficiencia, el profesor y el alumno pueden evitar el constante y laborioso proceso de "localizar" el verdadero significado de la comunicación, así como la corrección de errores que debe realizarse tras un malentendido.

La coherencia también aporta un enorme valor al proceso de enseñanza, porque ayuda a evitar varios escollos en la comunicación. Desgraciadamente, es bastante natural que la gente utilice una palabra para referirse a muchas cosas. Cuando los profesores cometen este error tan común, los alumnos tienen que adivinar el verdadero significado de la palabra, haciendo suposiciones basadas en el contexto. Este uso ambiguo de la terminología puede llevar al alumno por un camino ineficaz en su práctica, que luego debe ser identificado y corregido, después de que lo haya arraigado de forma incorrecta.

Del mismo modo, un profesor puede utilizar muchas palabras para describir una cosa. El uso de varios términos para designar el mismo concepto o habilidad suele hacer que los alumnos se pregunten si no se han perdido información o no disponen de detalles cada vez que se utiliza una palabra nueva para describir algo que ya conocían con un término diferente.

Es muy común que los adeptos a las artes marciales utilicen palabras diferentes para referirse a lo mismo. He aquí un ejemplo de uso indistinto de palabras para referirse al mismo concepto: sistema, estilo, método, técnica y aplicación. La falta de un léxico coherente es una de las causas de la falta de unidad entre los practicantes de un mismo arte marcial. Esto se agrava aún más cuando nos acercamos a los practicantes de otras artes marciales.

Un error aparentemente "simple" en la elección de palabras podría costar a un estudiante un año adicional en su formación y desarrollo de habilidades, si se tienen en cuenta los esfuerzos incorrectos de formación y reciclaje. Consideremos, por un momento, el valor formativo de una mejor comprensión del término japonés uke, que significa "recibir", en comparación con su traducción simplista a español: "bloqueo".

Sustituye la jerga por un español sencillo. Podremos añadir lenguaje "florido" (más tarde) para fijar ideas o aportar contexto histórico y sabor.

Debemos evaluar cualquier jerga específica que usemos para determinar si es absolutamente necesaria o si los términos simples en español serían más adecuados para una comprensión inmediata e inicial. Los alumnos principiantes se intimidan fácilmente al aprender una actividad física junto con un nuevo idioma. El instructor debe considerar cualquier cosa que se pueda hacer para agilizar el aprendizaje del alumno para facilitar una comunicación clara y concisa.

Dado que la enseñanza es una forma de comunicación tan crítica, especialmente cuando el contenido puede salvar la vida del alumno, utiliza únicamente un lenguaje florido u otro tipo de jerga cuando enseñes a alumnos de nivel intermedio y avanzado.

Esta forma de comunicación más oscura, esotérica o poética puede ser eficaz para dar detalles, sabor y gradación a conceptos ya comprendidos por los estudiantes, y puede ser útil para explicar refinamientos útiles y sutiles de las habilidades básicas.

Les debemos a nuestros alumnos una comunicación clara, concisa y coherente para ayudarles a aprender de forma eficiente. El uso de una palabra que signifique muchas cosas o de muchas palabras para describir una cosa sólo mermará la capacidad del alumno para discernir el significado a la primera. En el ámbito de las artes marciales, los malentendidos pueden provocar fácilmente lesiones a uno o más alumnos durante el entrenamiento o, en última instancia, una capacidad limitada para aplicar sus habilidades en la calle, donde hay mucho en juego.

Paso 2 - Identificar los principios aplicables y sus correspondientes conjuntos de aptitudes físicas.

Identificar los conjuntos de habilidades que apoyan el enfoque basado en principios de tu estilo te permite crear y modificar un currículum que asista realmente el desarrollo de esas habilidades. Permite al practicante aplicar los principios que apoyan los objetivos y preferencias del arte.

Es importante tener en cuenta que ni la teoría ni el ejemplo se enseñan o aplican eficazmente de forma aislada. Las aplicaciones pueden considerarse ejemplos de soluciones a un problema, mientras que los principios explican la lógica que subyace a la selección de una posible solución en lugar de otra. Dicho de otro modo, las aplicaciones son ejemplos de uno o varios principios, y los principios explican los factores que pueden hacer que la aplicación tenga éxito.

Al enseñar un principio, un profesor puede crear mil ejemplos de aplicación, y al examinar las aplicaciones, el profesor y el alumno sólo tienen que mirar su lista de principios para entender por qué ha tenido éxito o ha fracasado.

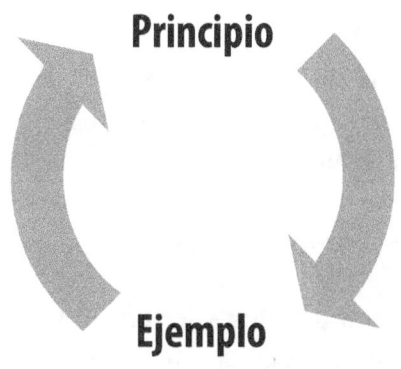

Bucle Teoría / Ejemplo

Debido a esta relación entre lo real (ejemplo) y lo ideal (principio), es importante hacer lo siguiente: 1) Conocer los principios; 2) Ser capaz de articularlos y demostrarlos; y 3) Desarrollar conjuntos de habilidades que permitan que esos principios se apliquen de forma amplia, para que no se conviertan en meras "únicas" en su conjunto de herramientas.

Tomemos un ejemplo común a las artes marciales: "Moverse hacia el exterior". Moverse hacia el exterior suele ser lo preferente porque representa flanquear, y flanquear es beneficioso porque potencialmente saca el segundo brazo del oponente de una posición útil. Para que el principio de "desplazarse hacia el exterior" sea aplicable, debemos demostrar lo que es y lo que no es flanquear, y debemos proporcionar al alumno varios conjuntos de habilidades que apoyen el objetivo. Tenemos que desarrollar ejercicios de sincronización, juegos de pies y ejercicios de bloqueo, pase, empuje y tirón que nos ayuden a movernos a nosotros mismos o a nuestro oponente, de forma que podamos ir "hacia el exterior" cuando no estemos allí.

Como instructores, primero tenemos que identificar el objetivo útil (principio). A continuación, ayudamos al alumno a comprender el valor de esa táctica y, por último, nos aseguramos de que adquiera las habilidades que le permitan alcanzar el objetivo de forma coherente.

Paso 3 – La enseñanza es una profesión. Abordar el proceso como un pedagogo.

Es importante reconocer que la enseñanza es una profesión, con un conjunto de habilidades y objetivos vinculados, distintos de los de un practicante. Aunque algunas tradiciones marciales otorgan títulos de maestro, es raro que estos sean el resultado de la obtención de una educación específica en las habilidades de la profesión docente.

En consecuencia, la mayoría de los practicantes de artes marciales han estudiado históricamente bajo la tutela de otros practicantes expertos, que no eran educadores formados. Este hecho puede ser una de las razones por las que el entrenamiento basado en principios y centrado en el desarrollo progresivo de habilidades parece ser la excepción y no la norma en las artes marciales tradicionales.

El Desarrollo de habilidades es una meta importante.

Dado que las tradiciones marciales suelen transmitirse y practicarse en tiempos de paz, es posible (quizá demasiado fácilmente) centrarse en mantener las tradiciones y honrar la memoria de los antepasados del arte como si se tratara de una reliquia.

Una vez más, Gustav Mahler nos recuerda: "La tradición es cuidar la llama, no adorar las cenizas".

La mera repetición de las secuencias memorizadas que nos han transmitido no garantiza la transmisión de las habilidades vivas necesarias para protegerse a uno mismo.

Como diría uno de mis instructores:

> "La forma (kata) no es el mensaje.
>
> Una forma es como una historia ya contada.
>
> Tienes que aprender a crear tu propia historia".
>
> -Lin Weiguo (林卫国)

Es muy común que el entrenamiento marcial tradicional se englobe en gran medida en la memorización de técnicas, combinaciones, formas (kata) o aplicación de formas. La aplicación de formas, también llamada escenarios de defensa personal, demuestra secuencias del tipo "si el atacante hace A, yo hago B" y el refuerzo y la práctica repetidos de esos esquemas memorizados. Desgraciadamente, estas soluciones "puntuales" no son la forma más eficaz de desarrollar habilidades vivas que se transfieran a nuevas situaciones.

Lo que no es común en las tradiciones marciales es la progresión de la memorización a la construcción de habilidades. La adquisición de destrezas es la adopción de un modelo experimental que permite probar y fallar en un entorno seguro, o un modelo experimental que proporciona al alumno cierto grado de libertad para "hacer suyo el sistema".

Aunque estas formas adicionales de desarrollo de habilidades se basan en la memorización, van más allá en el esfuerzo por asegurar la utilidad continuada de la tradición marcial.

Comprender es la clave para "transferir" (aplicar) las habilidades.
Una vez más, como pedagogo, también es importante tener en cuenta que los alumnos aprenden a aplicar la información en de forma progresiva. En primer lugar, los estudiantes aprenden componentes discretos de la información, luego entienden cómo ese conjunto de habilidades encaja en un contexto más amplio y, por último, a aplicar sus conocimientos fuera de ejercicios predefinidos.

En Occidente se entiende que una medida fundamental de la eficacia de la enseñanza es la capacidad del alumno para "transferir" (aplicar) las destrezas que aprende en los ejercicios de clase a nuevos escenarios. La clave para lograr esto es la comprensión explícita de las destrezas que han aprendido.

Sin esta comprensión, los estudiantes siguen frustrados por aprender un material que "nunca" podrían utilizar en el mundo real. Sin dicho entendimiento, los estudiantes ni siquiera pueden determinar cuándo es apropiado aplicar sus conocimientos específicos, y mucho menos entender cómo aplicar sus habilidades para resolver un problema. Sin la capacidad de transferir sus conocimientos, un estudiante puede darse cuenta de que se encuentra en una circunstancia propicia para aplicar un determinado conjunto de habilidades, pero puede no ser capaz de hacerlo con eficacia debido a pequeñas variaciones en el contexto.

Está claro que los alumnos que sólo son capaces de realizar sus aplicaciones marciales en un contexto preestablecido no han desarrollado habilidades vivas que puedan utilizar en la calle. Para aplicar realmente los conocimientos adquiridos, hay que comprender las circunstancias en las que esos conocimientos son valiosos, y luego ser capaz de transferirlos a una situación completamente distinta de las que se dan en el entorno de aprendizaje.

Puesto que la transferencia de habilidades a una nueva situación es análoga a la aplicación del propio entrenamiento marcial a un contexto nuevo o desconocido, es fundamental que los estudiantes de artes marciales aprendan habilidades marciales con comprensión. La comprensión de los alumnos se facilita mediante prácticas útiles de desarrollo de habilidades, teoría de apoyo y terminología clara y coherente. **NOTA:** En el resto de este libro, utilizaremos "aplicar" en lugar de "transferir" para referirnos a la aplicación de habilidades marciales en un entorno en vivo, improvisado.

Enseñar a los alumnos con comprensión es importante por numerosas razones:

- Forma practicantes bien informados.
- Mantiene mentalmente involucrados a los alumnos curiosos.
- Brinda una ventaja inicial a los estudiantes que se convertirán en profesores.
- Proporciona a los estudiantes las herramientas que necesitan para continuar su aprendizaje fuera de las clases.
- Ayuda a los alumnos a situar su entrenamiento en el contexto correcto cuando se encuentran con otras artes marciales.
- Quizá lo más mportante, ayuda a los estudiantes a autocorregirse cuando fallan.

Debido a este proceso natural de aprendizaje, el instructor debe ofrecer oportunidades de aprendizaje que apoyen cada una de estas etapas.

La "planificación retrospectiva" es un proceso valioso para los formadores.

Los profesores deberían considerar seriamente la posibilidad de utilizar un enfoque de "planificación retrospectiva" a la hora de desarrollar o modificar el currículum de sus escuelas. Cuando los objetivos de un profesor están claramente identificados, resulta más fácil identificar y aplicar medidas de evaluación útiles en las que tanto el profesor como el alumno puedan confiar para determinar si el alumno está progresando.

Cuando el profesor tiene una visión clara de sus objetivos y sabe cómo comprobar el progreso de sus alumnos hacia ellos, puede desarrollar planes de estudio y ejercicios que sean eficaces y progresivos.

Tanto el profesor como el alumno realizan el viaje educativo desde extremos contrarios del espectro...el profesor resolviendo el laberinto empezando por el punto final, y el alumno siguiendo la línea trazada por el profesor.

Paso 4 - Desarrollar y modificar el currículum para fomentar realmente el desarrollo progresivo de las habilidades.

Con el entendimiento de que los estudiantes primero aprenden, luego entienden y luego aplican el conocimiento adquirido, el maestro debe modificar o desarrollar el currículum de múltiples formas para apoyar a los estudiantes en cada etapa del aprendizaje. Esto se describe con más detalle en el Capítulo 6, pero se resume en los siguientes párrafos.

Primero, se han de formular ejercicios de desarrollo de habilidades individuales y aislados. Estos pueden parecer muy artificiales para los nuevos estudiantes, pero brindan una oportunidad para que tanto el maestro como el estudiante se concentren en un solo conjunto de problemas/soluciones manejables a la vez.

Segundo, una vez que el alumno ha demostrado aptitudes en un puñado de destrezas útiles y asociadas, se le puede exponer a ejercicios que le ayuden a vincular conjuntos de habilidades o a elegir entre varios conjuntos de destrezas que tengan relación entre ellas, en función del resultado deseado por el alumno. Estos ejercicios le permiten elegir en función de sus conocimientos, objetivos y contexto. Se debe potenciar el fracaso en ejercicios de esta naturaleza, ya que es probable que las lecciones aprendidas al tomar decisiones menos eficaces sean altamente valoradas y recordadas por el alumno. Estos aprenden muy bien y rápidamente de los errores cometidos en un entorno seguro.

Un ejemplo de ejercicio de esta categoría sería uno que permitiera al alumno tomar múltiples decisiones sobre cómo dirigir los brazos de un oponente que ha bloqueado (por dentro, por fuera o por debajo) para continuar presionando con un ataque.

Tercero, y, por último, los profesores deben proporcionar a los alumnos entornos y plataformas de entrenamiento que les permitan probar y experimentar con lo que han aprendido. La prueba de presión proporciona a los alumnos la capacidad de probar de forma cooperativa variaciones de velocidad, ángulo e intensidad con un compañero, mientras que la experimentación permite a los compañeros de entrenamiento aplicar su aprendizaje en circunstancias nuevas e inesperadas, ya que se les da más libertad sobre cómo y dónde moverse en función de su nivel actual de comprensión.

Cómo usar este libro

Recomiendo que este libro se lea inicialmente de principio a fin, sin embargo, espero que su mayor valor sea el de una referencia continua en la que se revise un principio relevante cada vez, de modo que el lector pueda analizar su propio paradigma de entrenamiento, terminología y suposiciones y luego vincular la información de este libro con la que ya está presente en su sistema.

En general, los libros no son un buen medio para transmitir información no lineal. La mayoría de los principios que presentamos tienen una relación no lineal. Muchos principios se basan en otros, los apoyan y se da por sentado que hay otros en juego; el resultado es una red de principios interrelacionados sin un camino singular y correcto en el que desarrollarse.

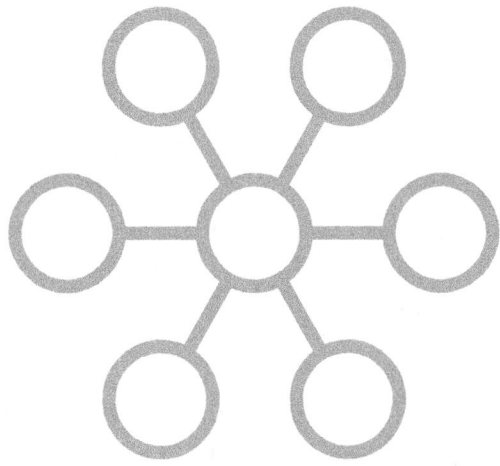

Los principios están interconectados y se apoyan mutuamente.

Aunque ya se ha señalado que el mayor valor que se obtiene de un enfoque basado en principios es que el total es mayor que la suma de las partes cuando se aplica con una metodología progresiva, podemos incorporar los principios individuales casi en cualquier orden. Como se explica con más detalle en el capítulo 2: La base - Terminología y supuestos fundamentales, los principios aportan valor por su naturaleza aditiva.

Cualquier principio individual puede contribuir a orientar el propio arte; sin embargo, los principios se vinculan, apoyan y refuerzan mutuamente. Lo más importante es la coherencia. Una vez que se comprende un principio y cómo aplicarlo, hay que esforzarse por aplicarlo siempre en el contexto adecuado.

Consideraciones

En estas páginas, sin duda se encontrará con algunos, quizás muchos, principios con los que ya está familiarizado, y puede que los conozca bajo diferentes términos. Puede que incluso encuentre principios que considere "universales", especialmente si estudia un estilo distinto al Goju-ryu.

Te invito a que pienses en los principios de aplicación en la mayoría de los casos más como preferencias que como verdades universales. Después de todo, las preferencias son una de las razones por las que existen tantos estilos de artes marciales, y muchas de las razones por las que los practicantes y maestros de un mismo "estilo" enfocan el entrenamiento y la aplicación de su arte de forma diferente. Creo que si consideras el modelo basado en principios como una serie de preferencias, puedes utilizar tu propio análisis racional para hacer que este modelo, o cualquier otro similar, funcione en tu beneficio (y en el de tus alumnos), independientemente de la tradición marcial que practiques o enseñes.

El material que presentamos es un subconjunto de un modelo basado en principios para Goju-ryu que habla de mi comprensión de las preferencias del arte en ser un arte de en distancia de clinch, de golpeo en pie, de inmovilización, de fractura y de proyección. La información ofrecida en los siguientes capítulos es una reproducción del enfoque basado en principios que utilizo como parte del entrenamiento y la enseñanza en mi dojo, el Burinkan.

Considera de nuevo que el valor de un modelo basado en principios es mayor que la suma de sus partes... que los principios individuales podrían permanecer simplemente en la caja de herramientas de los "excepcionales" o que cuando se apoyan en una mentalidad centrada en las habilidades y en un marco educativo intencionadamente progresivo, podrían utilizarse como herramienta para cambiar fundamentalmente un enfoque de la formación, la enseñanza y la aplicación.

Por último, recuerda que las fotografías son meros ejemplos destinados a ayudar a transmitir la naturaleza de los principios tratados. Se realizan con apariencia de Goju-ryu; sin embargo, eso no limita el valor de los conceptos cuando se aplican en otras o contra diversas formas o contextos, ya sea en el dojo de otro estilo de karate, como un dojang coreano, un kwoon chino, o en la calle.

2

La Base: Terminología e Hipótesis fundamentales

> Puede resultar tentador saltarse un capítulo titulado "terminología", pero recomendamos encarecidamente no avanzar sin leer esta sección al menos una vez.
>
> Los comentarios posteriores sobre los principios de aplicación pueden no tener sentido sin entender algunas de las preferencias y suposiciones fundamentales utilizadas para articular este modelo basado en principios.
>
> También es útil tomar nota de las definiciones y documentar nuestros prejuicios y suposiciones

La Realidad - Qué ES un Arte Marcial

Aunque el término "arte marcial" sería más adecuado para referirse a los sistemas de lucha diseñados para el campo de batalla o puramente derivados de él, empleamos el término a lo largo de este libro para describir la práctica sistemática de maniobras de autodefensa civil.

Normalmente, un arte marcial contiene principios de lucha (objetivos y preferencias) y componentes de entrenamiento (métodos para conseguir las habilidades necesarias para alcanzar esos objetivos) para ayudar en el desarrollo de las habilidades de autoconservación y lucha. A menudo, a los estudiantes de artes marciales también se les enseñan los rituales y otros adornos de la cultura extranjera en la que se originó el arte, como la terminología, el vocabulario, vestimenta, a veces la filosofía y, en algunos casos, la religión.

Es importante señalar que muchos practicantes de artes marciales históricas consideran que diferentes componentes de su arte son "tradición", es decir, que se considera sacrosanto y fuera de los límites de la innovación aceptable, mientras que otros están dispuestos y son capaces de segmentar el contenido del arte del modelo de entrega (métodos de enseñanza). Esto último permite a los seguidores de la tradición seguir avanzando en los métodos de enseñanza, y es el enfoque que defiende este libro. Como dijo Gustav Mahler, "La tradición no es la adoración de las cenizas, sino la conservación del fuego". A medida que las tradiciones se transmiten entre culturas y generaciones, es importante ajustar y mejorar el modelo de enseñanza para que la tradición tenga la oportunidad de sobrevivir.

El Mito – Qué NO es un Arte Marcial

Un arte marcial no es un método garantizado para la creación de un luchador imparable, y no asegura que la persona entrenada tenga éxito contra una persona no entrenada. Se sabe de luchadores callejeros que han derrotado a artistas marciales con entrenamiento clásico debido a factores que se describen más adelante en este manual. Por ejemplo, algunas personas son más pequeñas o físicamente más débiles que otras y, al tener la desventaja de estos atributos físicos, sólo pueden intentar poner las probabilidades a su favor con un entrenamiento constantemente guiado por una estrategia y tácticas superiores.

No existen fuerzas energéticas "mágicas" o "místicas" verificables que un maestro pueda ayudarte a desatar para detener a tu atacante. La Fuerza Vacía (esencialmente telequinesis) y el Dim Mak (toque de la muerte) son trucos para hacer creer a la gente que los artistas marciales son el equivalente de los superhéroes. Estas historias son fábulas. Por desgracia, muchos estudiantes y profesores siguen creyendo que estas cosas son posibles, lo que pone en peligro a la gente cuando realmente necesita confiar en su entrenamiento para protegerse. Aunque pueda parecer extremista decirlo, creo que los instructores de artes marciales que enseñan estos métodos esotéricos de defensa personal son directamente responsables de los futuros daños que sus alumnos encontrarán en la calle.

Creo que todos los instructores de artes marciales tienen una gran responsabilidad para con sus alumnos: enseñarles un conjunto de habilidades asequibles, desmitificadas y útiles lo antes posible.

El principio fundamental de la autodefensa: "Defiéndete, y controla a tu atacante."

Casi todas las artes marciales civiles comparten una filosofía fundamental hacia la "autodefensa", que a grandes rasgos afirma:

1. Evita situaciones que lleven a una pelea innecesaria.

2. Huye, si es posible.

3. Si no puedes escapar, defiéndete.

Mientras que la mayoría de las escuelas de artes marciales (y casi todas las clases de "defensa personal") discuten los puntos #1 y #2, la mayoría de las escuelas se centran principalmente en los aspectos físicos que rodean al punto #3, que ampliado desde su típica abreviatura (defiéndete), se convierte en nuestro primer principio de defensa personal:

> 护身制敌
> "Defiéndete y controla a tu atacante."
>
> -o dicho de otro modo-
>
> 須先保自己，後著攻他人
> "Protégete primero, luego ataca."

Este es esencialmente EL principio fundamental, aunque raramente expuesto, de todas las artes marciales basadas en la "autodefensa", ya que se asume que el contexto y el propósito de nuestra actividad viene impuesto por un atacante que intenta controlarnos mediante golpes, agarres, etc.

Entendiendo esto y teniendo claro nuestro principio fundacional, resulta obvio que nuestro principal objetivo es doble:

Defiéndete contra el ataque.[4]

Neutraliza la(s) acción(es) agresiva(s) del atacante. Defendernos de cualquier forma de control que esté empleando el atacante se convierte en el primer grupo identificable de habilidades.

Controla a tu atacante.

Si el practicante de artes marciales tiene éxito en su defensa inicial, entonces necesita preocuparse inmediatamente por tomar el control del atacante o enfrentarse a verse forzado a defenderse de nuevo (y de nuevo), con la posibilidad del eventual fracaso, sucumbiendo al atacante.

La idea de controlar al atacante admite muchas opciones: golpear, bloquear, romper, estrangular o proyectar. El objetivo de cada una de ellas es eliminar la capacidad y/o la voluntad del atacante de hacer daño. En las artes chinas se emplea la expresión: ti, da, shuai, na (踢打摔拿), que significa "patada, puñetazo, proyección y agarre", y representan las categorías de opciones disponibles para el practicante. Estas opciones representan enfoques o técnicas hacia un objetivo, pero no expresan bien los objetivos en que se apoyan.

Por eso, primero hablamos de control como en cualquier conflicto que ha ido más allá de las palabras: Una de las partes intenta ejercer control físico sobre la otra.

La parte "atacante" tiene un objetivo en mente y utilizará una o varias formas de control para alcanzarlo.:

- "Arrastrar a la mujer al coche, para poder agredirla en privado."
- "Noquea al hombre, para que pueda escapar sin que me siga."
- "Enseñarle al tipo quién es el jefe dándole una paliza delante de todos."

No sólo el atacante tiene un objetivo, sino que el defensor también debe tener un objetivo de contra-control, que puede ser algo parecido a los siguientes ejemplos:

---

[4] Sólo en raras circunstancias de amenaza cierta e inmediata tiene sentido utilizar tu entrenamiento para lanzar un ataque preventivo. Debes familiarizarse con las leyes locales relativas a la agresión y a las lesiones y comprender que incluso el uso justificado de las artes marciales para defenderte te hará entrar en contacto directo con las fuerzas del orden locales.

- "Retener al agresor hasta que lleguen las autoridades."
- "Detener al que invade mi hogar por cualquier medio necesario para garantizar la seguridad de mi familia."
- "Evitar que mi amigo borracho me haga daño o se lo haga a sí mismo."
- "Demostrar al agresor que no soy una presa, respondiendo a su ataque."

Desde el punto de vista de la defensa personal, se puede alcanzar cada objetivo utilizando múltiples "categorías" de aplicación que ofrezcan control sobre el atacante en el método más acorde con las habilidades del defensor.

Formas de Control

En lugar de seguir el enfoque chino Ti, Da, Shuai, Na del que hablábamos antes, nos parece más útil cambiar nuestro vocabulario para hablar de métodos (o formas) de control.

El Control (del atacante y propio) puede adoptar muchas formas y aquí se clasifica de la siguiente manera:

- Controlar la postura corporal y el equilibrio
- Romper la estructura
- Noquear/Incapacitar
- Dolor/Mental

Controlar la postura corporal y el equilibrio es un método de control muy útil, ya que ofrece múltiples ventajas potenciales a la parte controladora.

Cuando controlas la postura y el equilibrio de tu oponente, en cierto modo eres un "titiritero" que mueve el cuerpo del atacante en contra de sus deseos. En el mejor de los casos, cuando controlas la postura de tu oponente, éste ya no puede pisar donde o cuando quiera, golpear o patear con toda su fuerza, continuar mentalmente con su plan original o resistirse fácilmente a tus esfuerzos por maniobrar con seguridad.

Los métodos para controlar la postura y el equilibrio incluyen, entre otras, las siguientes acciones:

- Girar
- Barrer
- Proyectar
- Empujar
- Tirar
- Tropezar
- Plegar (forzar una articulación deslizante)
- Entrelazar
- Golpear/Patear

Romper la Estructura[5] es una forma muy específica de control, cuyo objetivo es dañar funcionalmente una articulación deslizante, articulada o esférica, desgarrando los ligamentos que la mantienen unida, o desgarrando los tendones que unen los músculos circundantes. La dislocación de una rótula, o una separación o luxación de hombro, entraría en esta categoría. Las posibles consecuencias de realmente romper la estructura de un adversario son las siguientes 1) Dolor extremo, que puede llevar a la inconsciencia (o, como mínimo, a la distracción), y 2) Reducción o probable eliminación de la movilidad de la articulación.

Los métodos para romper la estructura incluyen, entre otros, los siguientes:

- Hiperextensión de la articulación
- Hiperflexión de la articulación
- Hiper-rotación de la articulación

Noquear o incapacitar es un objetivo muy buscado en los conflictos civiles. Esta opción deja al perdedor completa y peligrosamente a merced del vencedor.

Los métodos para noquear o incapacitar incluyen, entre otras, las siguientes acciones:

- Golpear/Patear – la cabeza normalmente

---

5 No se incluye el intento de rotura directa de un hueso largo (fémur, clavícula, húmero) por su menor probabilidad de éxito y su naturaleza poco común como objetivo de combate.

- Estrangular (de forma sea sanguínea o respiratoria)
- Impactar contra el suelo al ser proyectado o golpeado contra este, etc.
- Dolor extremo, como por una articulación rota

Hacerse con la mente del oponente puede realizarse de innumerables maneras y no se debe descartar como forma importante y muy utilizada de "control." Existen varias técnicas para intimidar y desorientar a los rivales; sin embargo, debe tenerse en cuenta que golpear a una persona causa dolor, lo que puede llevar a que la parte dominada se rinda.

Los métodos para inducir dolor u otras formas de control mental incluyen, entre otros, los siguientes:

- Amenazar / intimidar
- Desorientar (tirar arena a la cara, escupir, etc.)
- Golpear/patear puntos vulnerables, causando dolor y duda
- Inmovilizar una articulación (y forzarla a su rango máximo de movimiento)
- Romper una articulación (superando su rango máximo de movimiento)
- Alterar la postura o el equilibrio de la persona, "haciéndonos con su mente", ya que se ve obligada a concentrarse en moverse para mantener la posición, el equilibrio o la postura.

Definimos y categorizamos el "control" de esta manera para ayudar nuestro entrenamiento. Esto nos permite ser claros a la hora de dirigir nuestro currículum basado en habilidades para transmitir los beneficios potenciales y los estados finales de las patadas, los puñetazos, los golpes e inmovilizaciones exitosas para alcanzar nuestros objetivos de autodefensa en función de la situación.

Se recomienda encarecidamente tanto a los practicantes como a los profesores de artes marciales que estudien los modelos de uso de la fuerza utilizados por las fuerzas del orden y las jurisdicciones locales en materia de defensa personal y uso de la fuerza letal. Estarás mejor equipado para tomar decisiones respecto a tu entrenamiento y enseñanza, y trabajar la(s) forma(s) apropiada(s) de control requerida(s) a la situación si tienes una buena comprensión de cómo serás juzgado en caso de tener que usar habilidades de autoprotección.

Uso de la palabra "Avanzado"

Cuando se trata de terminología en las artes marciales, no hay probablemente término capaz de crear mayor malentendido, confusión y falta de enfoque en el verdadero desarrollo de habilidades que la palabra "avanzado". Dedicaremos algún tiempo a discutir este término, los problemas causados por su uso común, y las recomendaciones para un uso más preciso y coherente de la palabra en lo que se refiere tanto a los practicantes como a los principios.

Avanzado – connotación

"Avanzado" tiene un conjunto de significados comunes en las artes marciales, y para la mayoría de las personas significa algo como lo siguiente:

- "mejor"
- "más realista"
- "más complejo"
- "más valioso"
- "élite"

Problemas que crea el mal uso de la palabra "avanzado"

El uso incorrecto de la palabra "avanzado" en las artes marciales también puede sonar o parecerse a alguna de estas creencias o afirmaciones comunes:

- Afirmar poseer técnicas o katas "avanzadas", que a menudo se ocultan a los alumnos o se mantienen como "zanahoria" para mantener el misterio de lo aún no aprendido.
- Considerar que algunas técnicas o katas son más avanzadas que otras crea ciertos problemas en la mentalidad del practicante y en su posterior entrenamiento. Por ejemplo, los alumnos suelen descartar técnicas sencillas y útiles antes de aprender a aplicarlas correctamente. Al ser técnicas más sencillas, éstas PODRÍAN tener las mayores probabilidades de éxito, SI se enseñan y entrenan adecuadamente.
- Creer que una forma de control es más avanzada que otra (el grappling es mejor que el golpeo, o al revés), cuando entrenar para cubrir diversas formas de control ofrece opciones para finalizar un encuentro violento.

Proponemos que en el contexto de las artes marciales, la palabra avanzado se use como una descripción de una acción (aplicación) o persona que es muy eficiente y muy eficaz, y, como resultado, con más probabilidades de tener éxito en un escenario de defensa personal.

Como un modelo basado en principios es vital para el desarrollo eficiente de las habilidades que necesitan practicantes, nos parece útil tener claro cómo los principios apoyan las aplicaciones avanzadas y el desarrollo de practicantes avanzados. Para ello, primero tenemos que aclarar dos términos comunes en las artes marciales: técnica y aplicación, ya que a menudo se utilizan indistintamente.

Definiendo Técnica y Aplicación

Como avanzado se usa a menudo para describir ciertas técnicas (incluyendo katas raras), así como aplicaciones, es importante examinar algunas definiciones recomendadas para las palabras técnica y aplicación para luego hacer algunas sugerencias sobre dónde la palabra cualitativa avanzado es realmente útil.

Una **técnica** es un movimiento coordinado y repetible del cuerpo del practicante. Típicamente, una técnica es codificada por un fundador de un arte marcial, que creía que un movimiento particular del cuerpo humano apoyaba un objetivo de lucha específico de tal manera que el movimiento merece ser repetido y refinado para un uso rápido, fiable y explosivo que se adapte a los métodos de control primarios del arte.

Las técnicas responden a las siguientes preguntas:

- "¿Cómo debo prepararme para afrontar las diferentes situaciones de violencia que creo que se me pueden presentar en mi entorno?"
- "¿Qué movimientos creo que son lo suficientemente útiles como para practicarlos repetidamente para aumentar la velocidad y la potencia?"
- "¿Qué puedo practicar de forma aislada para prepararme para la violencia?"

Una técnica debe combinarse con suficiente potencia, distancia adecuada, timing, velocidad (atributos) en una situación (contexto) que respalde un objetivo concreto (estrategia) contra un oponente para crear una aplicación.

Una **aplicación** es el uso de una técnica, en una situación adecuada, en relación a un adversario. Es un medio de mover o afectar el cuerpo del adversario, con un propósito o efecto predeterminado, que conduce al control.

Las aplicaciones responden a las siguientes cuestiones:

- "¿Qué puedo o debo hacer exactamente en relación a un atacante para lograr una forma útil de defensa o contra-control?"
- "¿Cómo puedo tener éxito contra un oponente que se resiste y que puede tomar la iniciativa y ser más grande y fuerte que yo?"

En resumen, una técnica es un movimiento sin contexto claro e inmediato, mientras que una técnica aplicada en cualquier contexto útil es una aplicación.

Proponemos que una técnica debe aplicarse, en su contexto, para poder ser juzgada cualitativamente como útil, apropiada, exitosa o avanzada. Al fin y al cabo, las técnicas no son más que movimientos del practicante. ¿Cómo juzgar un movimiento aislado, sin contexto, en comparación con cualquier otro?

Por ejemplo, en algunas artes marciales se suele enseñar que los bloqueos con el puño cerrado son básicos, mientras que los bloqueos con la mano abierta son más avanzados. Sin embargo, si nos tomamos un momento para reflexionar, está claro que un bloqueo con el puño cerrado tiene la capacidad de golpear con el puño durante o después del bloqueo, mientras que un bloqueo "a mano abierta" tiene la capacidad alternativa de rasgar fácilmente los ojos o agarrar en lugar de golpear. Ambas opciones pueden defender contra un ataque y proporcionar un medio para contrarrestar rápidamente al atacante. ¿Cómo podemos decir fácilmente que una es más avanzada que la otra, si ambas cumplen los objetivos fundamentales de un arte marcial?

Proponemos que el uso del término avanzado para referirse a una técnica, en singular o combinada, crea más problemas de los que resuelve, pero es posible llamar avanzada a una aplicación concreta, dadas las definiciones que acabamos de dar de avanzado, técnica y aplicación.

Bien… ¿qué hace que una aplicación sea avanzada?

Dadas estas definiciones de técnica y aplicación, ¿cómo podemos juzgar cualitativamente una aplicación para determinar si es realmente avanzada?

Por el éxito del practicante al conseguir los objetivos previstos de la aplicación en el control del atacante.

Una aplicación exitosa es la que es correcta para la situación, energía aplicada, las posturas, posiciones, la fuerza pertinente y el tamaño del atacante y del defensor, la colocación de pies y manos, el alcance, el timing y docenas de factores más.

Estos factores pueden describirse mediante **principios**, y cuantos más principios se apliquen correctamente durante una aplicación, mayores serán las probabilidades de que ésta alcance los objetivos previstos).

Así pues, con esas definiciones de técnica y aplicación, y la comprensión específica de lo que interviene en una aplicación avanzada, sugerimos lo siguiente:

1. Una aplicación avanzada es una aplicación que emplea todos los principios pertinentes y útiles para proporcionar las mayores posibilidades de éxito al defensor en la consecución de su objetivo de controlar al atacante, y

2. Un practicante avanzado (en lugar de principiante o intermedio) puede aplicar todos los principios pertinentes simultáneamente para garantizar que sus aplicaciones tengan las mayores probabilidades de éxito contra un atacante.

Hay buenas razones para sugerir que no existen técnicas avanzadas, sino sólo técnicas aplicadas de forma correcta o incorrecta. Lo que marca la diferencia es lo bien que se aplican las técnicas, y los principios ayudan a los practicantes a debatir, comprender y, en última instancia, entrenarse para ejecutar las aplicaciones lo suficientemente bien como para considerarlas cualitativamente avanzadas.

Otra forma de pensar en las aplicaciones avanzadas es que "apilan las probabilidades" a favor del practicante al reunir múltiples factores para el éxito, incluso en un único, y por lo demás sencillo, movimiento.

Discutir los principios puede ser todo un reto, ya que forman una "red" conceptual de contexto, en la que unos principios ayudan e informan a otros y unos principios se apoyan en otros. En realidad, es más fácil aplicar varios principios que discutirlos, porque aplicar principios a la formación es simplemente un proceso aditivo. Cada principio que incorpores a tu entrenamiento y, en última instancia, a tus aplicaciones, te ayudará a aumentar las probabilidades de éxito frente a tu oponente.

Con muy pocas excepciones, los principios pueden añadirse a su entrenamiento y enseñanza casi en cualquier orden, como demuestra la propiedad asociativa de la suma.

La propiedad asociativa de la suma:

Paso 1	3 + 4 + 1	=	3 + 4 + 1
Paso 2	**(3 + 4)** + 1	=	3 + **(4 + 1)**
Paso 3	**(7)** + 1	=	3 + **(5)**
Paso 4	8	=	8

En última instancia, independientemente del orden en que se introduzcan los principios, el resultado final será el mismo: mayores probabilidades de éxito.

Aunque pocas personas se han tomado la molestia de escribir su razonamiento para creer que ninguna técnica es avanzada, muchos intuyen que otros factores (principios) de aplicación son los verdaderos responsables de la aplicación avanzada, en lugar de la forma de los dedos o la rareza de un kata en particular.

Puede ser útil recordar afirmaciones que se dicen en las artes tradicionales y que demuestran el valor del tratamiento recomendado de la palabra avanzado:

- "El secreto real es solo trabajo duro."
- "Todo está en Sanchin."
- "Puedo derrotarte usando sólo una [técnica fundamental]."
- "Los secretos de un estilo es lo básico de otros."
- "X es la técnica más básica, y a la vez la más avanzdad."
- "Cuanto nás entreno, más cuenta me doy de que lo más importante es lo basico."
- "Cualquier técnica, bien aprendida y aplicada, puede ser la técnica que te salve la vida."
- "La habilidad de la Persona A es tan alta, que puede vencer a la Persona B, incluso con la técnica más básica."

Por lo tanto, habiendo clarificado algo el término avanzado, con unas definiciones coherentes de técnica y aplicación, y una comprensión de cómo las aplicaciones avanzadas pueden ser ejecutadas por practicantes igualmente avanzados para "apilar las probabilidades" de su éxito, podemos utilizar los principios como herramientas para corregir errores en nuestro entrenamiento y desmitificar las tradiciones marciales con el objetivo de apoyar su continua utilidad.

Fa/Xing/Gong – Un Ejemplo de Esquema Sencillo

El estilo de la Grulla que Alimenta de Fujian (Shihequan / 食鶴拳 tiene un modelo sencillo para la comprensión de su arte: las **tres habilidades** (san cai / 三才). Esencialmente, este marco proporciona una rápida "prueba de fuego" para determinar si el practicante tiene probabilidades de éxito en la aplicación de sus habilidades. En resumen, esta combinación de **principios** (fa / 法), **aplicaciones** (xing / 形) y **atributos físicos** (gong / 功) forma una checklist simplificada para el practicante y el profesor. La capacidad del practicante (o carencia) para manifestar adecuadamente los tres simultáneamente es un indicador directo de su "avance" o crecimiento en el arte del Shihequan.

Los **principios** responden a las siguientes cuestiones:

- ¿"Qué" hacer, en términos de preferencia por Defensa y Control?
- ¿"Cuándo" es apropiado cada enfoque o técnica?
- ¿"Dónde" aplicar la técnica para obtener la máxima eficacia?
- ¿"Por qué" aplicar cada estrategia a la lucha?

Las **aplicaciones** responden a las siguientes cuestiones:

- ¿"Cómo" crear ejemplos que manifiesten los principios de lucha, sin dejar de incluir principios de apoyo de defensa, movimiento, estructura, etc..?

Los **atributos** responden a las siguiente cuestión:

- "Qué tan bien" - en términos de velocidad, potencia, flexibilidad, etc.

Piensa en los atributos como el "motor" que realiza las maniobras del arte.

NOTA: Cuando la gente dice "no se trata del arte o del estilo, sino del practicante", a menudo se refieren tanto a los atributos de la persona como a su progreso en el arte.

Como en un taburete de tres patas, todas deben estar presentes para proporcionar la plataforma necesaria para la correcta ejecución del arte. Por ejemplo, si falta alguna de las siguientes, se puede predecir un resultado determinado:

Falta de principios (fa):

- Si utilizas las dos manos para librarte del agarre de un atacante, no tendrás nada disponible para bloquear el puñetazo que viene.
- Si usas las manos para bloquear patadas bajas, puedes recibir un puñetazo en la cara.

Falta de aplicaciones útiles (xing):

- Si no sabes defender las patadas bajas, recibirás daño en las piernas o utilizarás las manos, sacándolas de su "zona" preferida.
- Si no sabes grappling, un luchador podrá dominarte.

Falta de atributos físicos relevantes (gong):

- Cualquier aplicación que carezca del poder de causar daño, o al menos distracción, es inútil.

Aunque los principios pueden clasificarse de muchas maneras (estructura, movimiento, aplicación, poder, entrenamiento, enseñanza, etc.), los capítulos 3-5 se centran en varios principios de aplicación, y se agrupan aproximadamente según el Shihequan san cai:

- Capítulo 3 – Principios Fundamentales / Generales (Fa)
- Capítulo 4 – Principios de aplicación centrados en el uso eficaz de nuestras "herramientas" anatómicas (Xing)
- Capítulo 5 – Principios relacionados con la potencia y la energía (Gong)

Resumen del Capítulo

Hasta ahora, hemos aclarado la definición de arte marcial, discutido el principio *fundamental* subyacente (y a menudo no señalado) de todas las artes marciales basadas en la defensa personal, y luego discutido más a fondo lo que significa controlar a un atacante.

También hemos definido tanto la técnica como la aplicación para entender mejor el término avanzado como un término cualitativo que evite problemas derivados de su mal uso, y para dejar más claro que lo que lleva a algunas **aplicaciones** y **practicantes** a ser considerados realmente avanzados es la aplicación coherente de múltiples factores o principios de éxito subyacentes.

Acerca de los ejemplos fotográficos que aparecen en este libro:

A medida que avanzamos en los Capítulos 3 y siguientes, se han proporcionado numerosos ejemplos de aplicación con el objetivo de ayudar a la comprensión de cada principio, táctica, concepto o palabra clave. A menos que se indique lo contrario, el "**defensor**" en cada secuencia viste con la parte superior **negra**, independientemente de si el defensor está demostrando un movimiento defensivo u ofensivo en las fotos proporcionadas.

También, aunque discutimos principios específicos que recomiendan NO tirar innecesariamente de la mano hacia atrás a una posición cercana a la axila, muchos ejemplos fotográficos hacen uso de esa posición de para ofrecer claridad en la fotografía, eliminando la mano no dominante (en pro del principio discutido) de obstruir los detalles fotográficos.

3

Fa (Métodos Generales)

> En el Capítulo 3, repasamos varios principios generalizados, muchos de los cuales son relativamente universales en todas las artes de lucha.
>
> El momento oportuno (timing), la agresión y la posición son temas clave en los principios del Capítulo 3.

Timing – Comprendiendo "el Juego"

Comprender el timing es la clave para *dominarlo*, y dominarlo es la clave para el éxito del contra-control.

Como sabemos por el principio fundamental de la defensa personal -*defiéndete, controla a tu agresor*-, estamos entrenando principalmente para responder a un intento de control por parte de un agresor. *Responder* es sinónimo de *reaccionar*, y también se entiende ampliamente que la acción es más rápida que la reacción.

Dado que nuestro agresor actúa y nosotros reaccionamos, ¿somos más **lentos**? Quizá no sea el término más adecuado, así que analicemos qué ocurre realmente cuando *reaccionamos*.

Existe un modelo ampliamente difundido para el proceso de pensamiento denominado bucle OODA:

En el bucle OODA, nosotros:

- Observamos una situación
- Nos Orientamos en la situación
- Decidimos qué hacer respecto a ella
- Actuamos para influir en el resultado

En un escenario de autodefensa, para cuando un defensor ha llegado al paso nº 1 del bucle OODA (observar un ataque entrante), el atacante ya está en el paso nº 4 (actuar). El defensor suele estar al menos tres pasos por detrás en el proceso de pensamiento, y el atacante va a actuar de nuevo, rápidamente, dejando al defensor en un estado perpetuo de reacción.

Dado que el agresor puede ser implacable y continuar con sus ataques, puede resultar extraordinariamente difícil pasar de la primera parte de una respuesta (defenderse) a la segunda (controlar al agresor).

Escenario habitual:

1. El atacante intenta controlar al defensor
2. El defensor tiene éxito en su defensa
3. El atacante vuelve a intentar controlar al defensor
4. El defensor tiene éxito en su defensa

En un estado de defensa perpetua, es probable que el defensor fracase en la misma y sucumba al control del atacante, a menos que el defensor pueda hacer algo más que simplemente defenderse para detener el avance continuado del atacante.

A partir de este ejemplo, vamos a comentar algunos términos importantes relacionados con la sincronización que pueden ayudar a analizar y modificar las opciones de entrenamiento y aplicación:

Después, Durante, y Antes

Normalmente estamos asumiendo en un escenario de defensa personal, que el defensor es el primero en actuar **en el después**, ya que el atacante es el que inicia la acción, actuando **antes** que el defensor.

Si comparamos una pelea con un baile, el atacante dirige el baile, y el defensor le sigue. ... actuando en el **después**, respondiendo al que lleva, simplemente reaccionando. El líder actúa según su capricho, sin impedimentos; el seguidor tiene la difícil tarea de seguirle el ritmo. El líder del baile actúa en el **antes**. El líder decide a parte de la pista llevarán a ambos bailarines los movimientos. El seguidor es un mero acompañante, sin control ni voz ni voto, ya que actúa en el **después**.

Alejémonos de la analogía del baile y volvamos al escenario de la defensa personal. Ya hemos hablado de lo importante que es moverse como defensor lo más rápido posible desde defenderse, que definimos como una actividad **posterior**, hasta controlar al atacante, que tiene más éxito cuando se realiza en el **antes**, debido a la dificultad inherente para reaccionar de forma eficaz.

Pero, partiendo de la base de que empezamos en el **después**, ¿cómo puede un defensor cambiar la situación para pasar del **después** al **antes**?

El defensor puede hacerlo actuando con eficiencia y eficacia en el **durante**, y los dos métodos principales que puede utilizar son los siguientes:

1. Contraatacar mientras bloqueamos/recibimos o nos defendemos de otro modo del atacante, o

2. Lograr alguna forma adicional de control CON nuestro movimiento defensivo (como romper el equilibrio del atacante, infligir dolor, etc.).

Opción 1: Contraatacar mientras recibimos/bloqueamos un golpe

Dado que el primer principio de la defensa personal, defiéndete, controla a tu atacante, consta de dos partes, lo más eficiente es realizar ambas al mismo tiempo.

Si lo hacemos, podemos cambiar la situación a algo parecido a lo siguiente:

1. El atacante intenta controlar al defensor
2. El defensor consigue defenderse, al tiempo que aplica una forma de contracontrol
3. El atacante renuncia a su segundo ataque y pasa a defender el control entrante
4. El defensor continúa el contra-control
5. El atacante continúa defendiendo

Hasta ese momento, el atacante no consigue defenderse... lo que conduce al éxito del defensor en el contracontrol. Como ves, la clave para pasar del **después** (Paso 1), a través del **durante** (Paso 2), al **antes** (Paso 4) requiere que consigamos alguna forma de contra-control agresivo lo antes posible, y simultáneamente, a nuestra defensa.

El siguiente ejemplo demuestra los tres tiempos, actuando en defensa solo en el después, contraatacando (mientras bloquea) en el durante y atacando de nuevo en el antes. Como puede ver en el ejemplo, comenzamos con la suposición de que el defensor está en el después, tal vez atrapado desprevenido, capaz sólo de defenderse... lo que hace poco para cambiar la situación del defensor. En este punto, el defensor simplemente está bloqueando, todavía atrapado en la primera mitad de *defiéndete, controla a tu atacante*.

El defensor ha bloqueado hacia arriba, creando una apertura hacia los niveles medio e inferior, y (al ejecutarse) el bloqueo del defensor **sólo** ha servido para mantener al defensor a salvo un momento... no ha interrumpido ni controlado al atacante. El atacante continúa, planeando explotar la apertura del defensor con un segundo golpe. El defensor bloquea hacia abajo para defender el área expuesta, pero simultáneamente contraataca, robándole la iniciativa al atacante bloqueando y golpeando en el <u>durante</u>.

Conectando un golpe, el defensor ahora ha tomado la mente del atacante, aunque temporalmente, reduciendo la velocidad e interrumpiendo el bucle OODA del atacante, que había estado planeando lanzar un tercer golpe. Dado que la mano derecha del defensor ya está en posición para un segundo ataque (a escasos centímetros del objetivo), lanza el puñetazo, actuando ahora en el antes.

Ten en cuenta que este ejemplo, en sus etapas intermedia y final, incluye varios principios, como arma más cercana/objetivo más cercano y mantener las armas en línea, que se describirán con más detalle en este capítulo y en el capítulo 4.

Otras opciones

Otros ejemplos de aplicaciones que funcionan bajo este enfoque para contraatacar de manera eficiente en el **durante**, incluyen:

- Usar el movimiento del cuerpo, como esquivar, girar o agacharse (en lugar de bloquear/recibir), mientras se contraataca desde una posición segura.
- Usar el(los) brazo(s) para bloquear/recibir al mismo tiempo que patea o trastoca las piernas del atacante.

Opción 2: Lograr alguna forma adicional de control CON nuestro movimiento defensivo.

El método anterior es un ejemplo de cómo alistar ambos lados del cuerpo simultáneamente, cada uno trabajando en un papel diferente...una mano trabajando defensivamente, mientras la otra mano trabaja ofensivamente **en el durante**.

Esta opción alternativa para actuar eficazmente en el **durante** consiste en realizar un movimiento inicial singular que sea polivalente, pero que no sea complejo ni consuma mucho tiempo. Esta *defensa como ataque* requiere que el defensor realice una maniobra defensiva más avanzada que "apile" principios (todos ellos tratados con gran detalle en este capítulo, así como en los capítulos 4 y 5), como los siguientes:

- *Alargar las técnicas,*
- *Arma más cercana/objetivo más cercano,*
- *Tres puertas/tres segmentos,*
- *Mantener las armas en línea,*
- *Cuerpo unificado,*
- *Fuerte contra débil,*
- *Atacar la posición y equilibrio del enemigo, y*
- *Buscar el centro*

Un ejemplo sencillo de esto es un movimiento singular de bloqueo/recepción que altera el equilibrio del atacante, lo que también modifica el segundo puñetazo del atacante y permite un contragolpe que es menos probable que sea bloqueado por el atacante.

Cuando el atacante golpea a nivel medio, el defensor recibe el ataque con un "bloqueo" a nivel medio. El defensor cambia inmediatamente de la forma de bloqueo medio mientras levanta con el codo y rompe el equilibrio del atacante. A continuación, el defensor contraataca.

Un bloqueo cruzado central puede, con un cambio de alcance y ángulo, alterar la postura y el equilibrio del atacante.

Permitiendo un contragolpe mientras el atacante está desequilibrado.

Otras opciones

Otros ejemplos de aplicaciones que trabajan para actuar eficazmente en el durante, son los siguientes:

- Golpear inmediatamente con la mano que bloquea (*arma más cercana, objetivo más cercano*)
- Utilizar un movimiento de bloqueo/recepción para hundir, tirar o girar al atacante, perturbar su equilibrio, postura o posición, de forma similar al ejemplo anterior (*atacar la postura o el equilibrio del adversario*).
- Golpear el miembro atacante del agresor y causarle un dolor significativo.
- Nota: Es bastante difícil causar un nivel de dolor que distraiga lo suficiente durante un altercado cargado de adrenalina.
- Romper el miembro atacante del agresor, causando daños estructurales Y provocando un dolor importante (principio de puente - romper).

Resumen

Comprender el momento oportuno puede ser **el** concepto más importante para entender y gestionar cualquier conflicto, ya que casi todo lo que se hace en el antes tiene más posibilidades de éxito, al tener menos posibilidades de ser contrarrestado con éxito por la parte en el ***después***. Esto supone un reto en un escenario de autodefensa cuando las probabilidades están en contra del defensor. El defensor debe recurrir a todos los factores de éxito posibles (principio de aplicación) para actuar con eficiencia y eficacia "***en el durante***", y sobrevivir.

En las tradiciones marciales del sur de China se suele decir:

"No importa quién empezó primero, el ganador es el que llega antes a su destino."

-o, sencillamente-

後人發，先人至
"Comienza más tarde pero llega antes."

La agresividad es necesaria; la pasividad acaba perdiendo

Una estrategia marcial excesivamente defensiva está abocada al fracaso cuando no se controla al atacante hasta la sumisión de forma rápida y eficaz. Incluso si nuestro deseo en una determinada situación de defensa personal es ser bondadoso con nuestro atacante, debemos pasar inmediatamente de defendernos a controlar a nuestro atacante sin reservas ni vacilaciones. **En este contexto, ser agresivo, independientemente de tu(s) método(s) de control previsto(s) es hablar de esfuerzo, intensidad y eficacia, no de ira o adrenalina.** Más bien al contrario, queremos permanecer lo más relajados y funcionales posible durante un altercado.

Una vez que hemos identificado los signos de un agresor que intenta imponer su control físico, debemos actuar inmediatamente para defendernos del daño y, además, actuar hasta acabar con la voluntad y/o la capacidad del agresor para continuar.

Si no nos comprometemos plenamente a detener la amenaza continua del atacante, corremos el riesgo de que cada segundo adicional que dure el conflicto nos arriesguemos a cometer un error y sucumbir ante nuestro atacante. Sólo pasando inmediatamente al contra-control, detendremos al atacante y pondremos fin a la lucha.

Es importante conocer las leyes de defensa personal a las que estamos sujetos en casa, en el trabajo y en público. Deberíamos entrenarnos para disponer de varias opciones no letales, y asegurarnos de que funcionan correctamente aplicando nuestros principios y tácticas en su aplicación.

Independientemente de si creemos o no al principio de un altercado que necesitamos aplicar una fuerza letal a un atacante, no hay inconveniente en tratar cada situación real con el determinación mental total (la presión agresiva) necesaria para llevarla a buen término contigo a salvo y el atacante controlado.

Este nivel de determinación es fundamental para una tradición marcial que pretenda mantener su utilidad, y la mayoría de los principios presentados representan diversas opciones de aumentar la calidad agresiva de los movimientos marciales, incluidos los llamados *bloqueos*.

Alarga tus técnicas lo que sea necesario

Es útil recordar que las técnicas marciales practicadas en solitario son el equivalente de un ideal platónico. A menudo se ejecutan con la expectativa de un atacante que tiene la misma altura que el practicante, colocado directamente al frente del practicante.

Sin embargo, cuando se *aplican* contra un adversario o un compañero, esos movimientos deben alargarse para adoptar una forma afectada por diversos factores, entre ellos: el propósito, el contexto físico y el punto de partida.

Propósito

Como ya se ha mencionado, al bloquear/recibir un ataque, el defensor puede intentar golpear o desequilibrar al atacante con el brazo de bloqueo para aplicar el bloqueo de forma más eficaz y evitar quedar atrapado **en el después**. Esto puede cambiar el momento, la trayectoria o la energía (rebote, pegada, etc.) para apoyar los objetivos secundarios del bloqueo.

Lo mismo puede ocurrir con un puñetazo. El defensor puede contragolpear al atacante para desviar simultáneamente el puñetazo del atacante con el mismo brazo, lo que puede requerir cambiar la trayectoria o el objetivo de un puñetazo "típico".

Contexto físico

Como las técnicas se practican normalmente en solitario de acuerdo con un atacante imaginario de la misma altura que el practicante, cualquier disparidad de altura entre el defensor y el atacante requerirá ajustes inmediatos en la colocación y los puntos de autorreferencia típicos para la técnica aplicada.

Del mismo modo, deben realizarse ajustes para las técnicas aplicadas en ángulos descentrados debido a las posiciones relativas del defensor y el atacante, así como para la fuerza aplicada por ambas partes.

Punto de partida

Del mismo modo, cuando se aplica realmente una tradición marcial, no todas las técnicas parten de los artificios del entorno de entrenamiento. No todos los bloqueos o puñetazos parten de una mano en el costado o de una postura preparatoria de bloqueo medio o bajo. Las técnicas deben fluir eventualmente de una posición a otra sin involucrar un punto de parada artificial. Además de practicar para las situaciones mencionadas, un estudio exhaustivo de combinaciones puede ayudar en gran medida a suavizar las transiciones de una técnica a otra para favorecer el desarrollo de las habilidades "en vivo".

Es muy recomendable que los practicantes examinen la transición de todos los movimientos principales en combinación y por categorías, estudien cómo las técnicas estándar se expanden de una posición a otra:

- Ataque a Ataque
- Ataque a Defensa
- Defensa a Defensa
- Defensa a Ataque

El atacante bloquea el puñetazo del defensor, que contraataca. El defensor realiza un bloqueo alto directamente desde la posición del puñetazo.

El bloqueo medio del defensor se convierte en una posición inicial apropiada para un shuto (golpe con el canto de la mano) al cuello.

Hay que tener en cuenta que es posible estirar tanto una técnica que se vuelva ineficaz en su cometido previsto, porque pierda impulso o palanca, o no cubra la(s) zona(s) vulnerable(s) del defensor. En estos casos, suele ser útil modificar la distancia, los pasos y la angulación para que las técnicas se mantengan en un rango y posición útiles para evitar este problema.

Independientemente de la razón por la que necesites estirar tu técnica para adaptarla a una situación o un objetivo, es importante recordar que (en un modelo progresivo de desarrollo de habilidades) la versión en solitario de una técnica es mejor considerarla como un ideal, destinada a inculcar hábitos de movimiento consistentes y potentes para que el alumno pueda pasar con seguridad al entrenamiento en pareja, donde el movimiento se aplica en diversos contextos que requerirán un ajuste de la forma en solitario.

Aplicar la técnica de forma adecuada a cada circunstancia debe ser un objetivo tanto para el profesor como para el alumno.

Mira al frente – Trae todas las "armas" al frente

Dado que suelen especializarse en movimientos sofisticados de las manos, los estilos chinos meridionales de las variantes Hakka y Fuzhou favorecen las posturas de frente que traen los brazos del practicante a la distancia corta, y "provocan" los ataques a la posición dentro del "marco" de los brazos, como las siguientes:

- Posición de Mantis del Sur "Mendigo pide arroz" (hat yi lo mai / 乞兒攞米),
- Posición de Grulla Blanca de Yong Chun "Mirar al Sol" (zhao yang / 招陽),
- Posición del Boxeo del Gran Ancestro/Taizuquan "Hundiendo las Articulaciones" (che chat / 坐節),
- "Palmas que vibran" (chun chiu / 駿手) de Cinco Aancestros/Ngo Cho Kun,
- "Doble tirón" (shuang chou / 雙抽) del Boxeo de la Ceja Blanca/Pak Mei

Postura de Mantis del Sur "Mendigo pide Arroz" (乞兒攞米), demostrada por Sifu Alex Do

"Mirar al Sol" (招陽), postura de Grulla Blanca de Yong Chun, por Sifu Pan Cheng Miao, foto cortesía de Haki Celikkol

Fa (Métodos Generales)

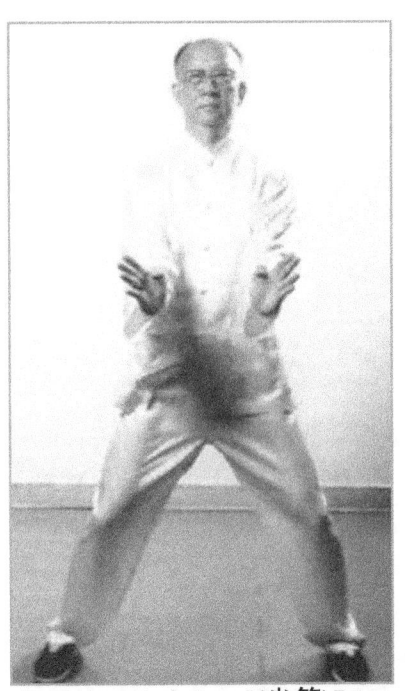

"Hundiendo las articulaciones" (坐節) Taizuquan, ejecutado por Sifu Zhou Kun Min

"Manos que vibran" (駿手) de Ngo Cho Kun por el Sifu Alexander L Co

Las posturas de combate y las teorías de estas "artes primas" iluminan el valor de posturas como la "estructura" de Sanchin como guardia de combate, en apoyo de numerosos principios de aplicación. Las formas de estas posturas no sólo acercan los brazos al atacante, sino que protegen las axilas, las costillas, el hígado y el bazo, a la vez que "provocan" al atacante para que ataque la línea central del defensor y luego se vea envuelto por los brazos de éste, del mismo modo que alguien podría abrir una brecha en la puerta exterior de un castillo, sólo para verse rodeado y cortado por todos lados en el patio de armas. Aunque esta posición expone aún más la ingle del defensor, la mayoría de estas artes confían en maniobras con las piernas para defender la parte inferior del cuerpo, mientras que los brazos defienden y atacan en su "zona" superior".

Como se menciona en la sección sobre el alargamiento de las técnicas, incluso los mecanismos de entrenamiento como la mano "en recámara", que antes se consideraba una posición inicial, deben modificarse y reevaluarse en un modelo de entrenamiento progresivo. Uno de los numerosos beneficios de la estructura de Sanchin es que se convierte en la nueva posición de inicio, más agresiva, en las prácticas de desarrollo de habilidades, especialmente cuando se estudian e incorporan otros principios como continuar hacia delante, fluir alrededor de los obstáculos y arma más cercana/objetivo más cercano (tratados en la siguiente sección).

"Doble tirón" (雙抽) en Pak Mei, demostrado por Sifu Cheung Lai Chuen

La "estructura" Sanchin de Goju-ryu o "postura de doble bloqueo medio", demostrada por el autor.

El compromiso de mirar al lado

Mientras que mantener "todas las armas al frente" sugiere el uso de la estructura Sanchin como la postura de combate preferida, Goju-ryu demuestra otra posición de combate común, particularmente cuando se está en una postura lateral baja (como shiko-dachi), que sugiere escenarios de lucha cuerpo a cuerpo. Esta alternativa tiene la mano lejana/posterior sobre el esternón, y es visible en katas como Saifa, Seiunchin, Shisochin, Seipai y Kururunfa. Esta postura es un buen recordatorio para mantener todas las manos lo más cerca posible del atacante, permitiendo al practicante utilizar muchos principios puente (que se encuentran en el capítulo 4) para aplicar las medidas de lucha preferidas.

Algunos ejemplos de los kata de Goju-ryu:

Saifa (dorso de la mano/ esternón)

Saifa (puño de martillo/ esternón)

Seiunchin (uppercut/esternón)

Seipai (posición de apertura)

Shisochin (codo/esternón)   Kururunfa codo/ esternón)

Proteger la línea central

El último ejemplo de este principio en acción se refiere principalmente a las artes que optan por proteger la línea central, en lugar de "invitarla". Las artes que prefieren cubrir inmediatamente la línea central, normalmente se basan en la estrategia de combate descrita en el sureño Taizuquan de la siguiente manera:

> "La mano delantera ataca como una lanza, la trasera defiende como un escudo."
>
> 前手取人如矛, 後手防己如盾
>
> Aunque ambas manos no están completamente extendidas, una descansa en el codo, lo que recuerda al "bloqueo reforzado" que se encuentra en algunos estilos de karate de Okinawa.

Varias tradiciones marciales prefieren esta opción:

Motou Kenpo -Meotote (夫婦手)
Foto cortesía de Patrick McCarthy

Sifu Robert Chu "manos que piden"
(man sau / 問手) en Wing Chun

Algunos de los estilos que utilizan una línea central "que invita" también reservan la opción de cubrir la línea central en función de las preferencias o de la situación.

Independientemente de la opción u opciones que prefieras o en las que se centre tu arte, es importante tener en cuenta los siguientes puntos:

- Las técnicas de tu arte se extenderán en última instancia a partir de estos puntos de partida más típicos, y
- *El hogar*, desde el punto de vista de la aplicación, rara vez será un puño cerrado en las costillas o la cadera.

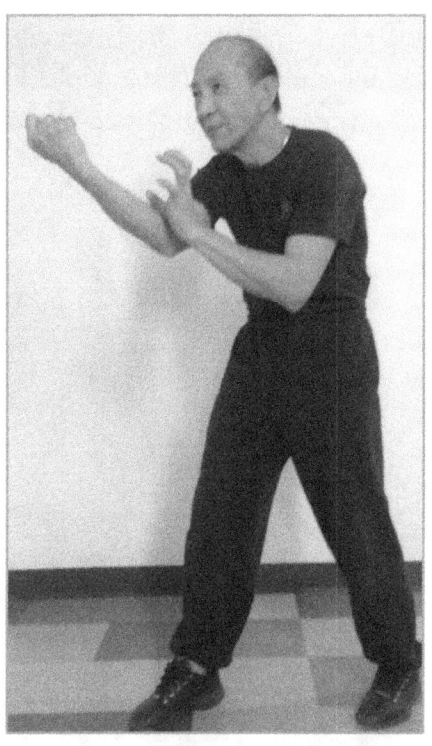

Sifu Simon Lui (雷龍春) demuestra "fiero tigre custodia la puerta" de Pak Mei (猛虎看門)

Sifu Mark Wiley muestra Postura Centrada (子午中肢) de Ngo Cho Kun

Arma más Cercana, Objetivo más Cercano – Ya Casi has Llegado

Arma más cercana, objetivo más cercano puede sonar inicialmente a que es un principio tan obvio que no necesita mencionarse; sin embargo, como muchos otros principios de aparente sentido común, si no buscas constantemente oportunidades para incorporarlo en tu entrenamiento, y lo enseñas y practicas regularmente, se perderá o se olvidará, llevando a oportunidades perdidas, práctica ineficaz, y falta de eficacia potencial en tus aplicaciones marciales.

Uno de los principales métodos de entrenamiento que pueden apoyar este principio de *arma más cercana, objetivo más cercano* es el estudio de las transiciones de los movimientos de bloqueo a los contragolpes inmediatos con la misma mano. El kata Tensho ofrece a los practicantes de Goju-Ryu varios ejemplos; sin embargo, hay muchos más por descubrir, incorporar y practicar.

A continuación se presentan algunos ejemplos sencillos de posiciones de bloqueo comunes, que son excelentes opciones para explorar en las prácticas fundamentales de kumi-waza (entrenamiento con compañeros), como sandan gi (entrenamiento de bloqueo/puñetazo a niveles alto, medio y bajo). Veremos más ejemplos en la sección sobre tres segmentos en el capítulo 4.

Ejemplos

Un bloqueo alto por el interior se presta a un uraken inmediato (dorso del puño) a la cara.

Un bloqueo cruzado medio desde fuera ya es el 90% del camino hacia un objetivo viable.

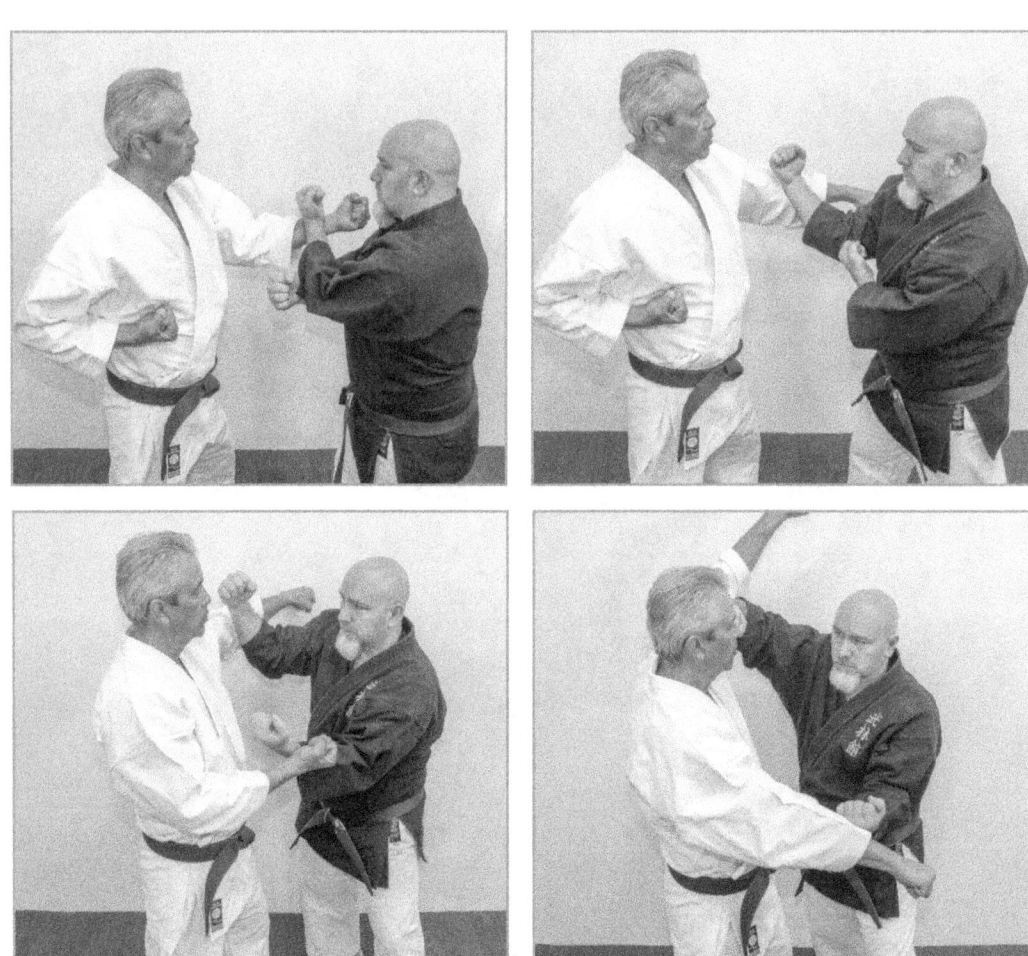

Un bloqueo medio por el interior puede "conducir" la presión hacia arriba y golpear con un puñetazo circular, en su lugar (ejemplo del kata Seipai).

Un bloqueo cruzado por fuera también puede seguir la línea del brazo para shuto (cortar) al cuello (del kata Gekisai).

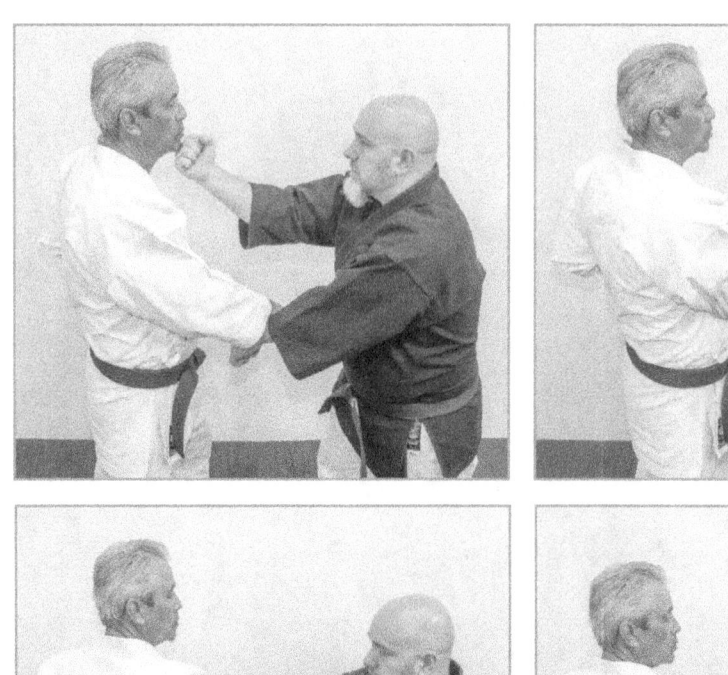

Un bloqueo bajo puede tanto atacar la cara durante su fase inicial, como golpear directamente al hígado, una vez en posición final.

Continúa adelante, despejando los obstáculos – Presiona el ataque

Aunque ya hemos hablado (en mira al frente) del valor de mantener las manos hacia delante, debemos tener en cuenta que el entrenamiento puede trasladarse con demasiada facilidad a los escenarios de aplicación, y un ejemplo común de esto es la mano "en la recámara" de muchas tradiciones marciales.

Debido a esta práctica común, una de las progresiones más difíciles de implementar en el entrenamiento de los artistas marciales tradicionales es el arma más cercana, el objetivo más cercano... ya que el entrenamiento ofrece abundante práctica en llevar la mano a la posición de "recámara" para comenzar una nueva técnica.

Dado que la lucha en el clinch suele basarse más en la sensación y la presión que en pistas visuales, es muy probable que un oponente sienta un movimiento hacia atrás por parte del defensor y se precipite para llenar ese vacío creado por el este. Al igual que en una línea de combate, una retirada del defensor abre fácilmente un avance por parte del atacante. Una mentalidad agresiva (de nuevo, esfuerzo e intensidad, no ira) junto con tácticas que apoyen el movimiento continuo hacia delante, en lugar de hacia atrás, puede ayudar al defensor a pasar más rápidamente del después, a través del durante, al antes, donde será más eficaz.

Aunque presionar el ataque hacia delante es útil por las razones mencionadas, es probable que cualquier contraataque planteado por el defensor sea bloqueado o frustrado de alguna otra forma por el atacante. Por este motivo, nuestro entrenamiento también debería ofrece ejecutar ataques continuos que encontrarán obstáculos en el camino, para esquivarlos o eliminarlos, permitiendo en última instancia que se ejerzan plenamente las medidas de contra-control del defensor. Cuando nos encontramos con un obstáculo, debemos empujar, tirar, atacar por arriba y por abajo, cambiando el ángulo, la presión, la velocidad y el timing para encontrar nuestro objetivo e imponer nuestra voluntad por encima de la del atacante.

Algunas artes chinas lo describen como el principio de "gotear" (漏) o "fluir" (流), ya que describe cómo encuentra su camino una gota de agua:

> "El agua no se resiste. El agua fluye. Cuando hundes la mano en ella, sólo sientes una caricia. El agua no es un muro sólido, no te detendrá. Pero el agua siempre va donde quiere ir, y al final nada puede oponérsele. El agua es paciente. El agua que gotea desgasta una piedra. Recuérdalo, hija mía. Recuerda que eres mitad agua.
>
> Si no puedes atravesar un obstáculo, rodéalo. El agua lo hace."
>
> -Margaret Atwood, *Penélope y las doce criadas*

En Grulla Blanca, tratan este principio utilizando la frase:

> "Cuando la mano se extiende, golpea tres veces"
> 一出三打

La intención no es centrarse en el número tres, sino que cuando se combina con otros principios como el arma más cercana, el objetivo más cercano y los tres segmentos (Capítulo 4), el brazo debería ser capaz de golpear, o controlar de múltiples maneras antes de volver "a casa".

Ofrecemos algunos ejemplos de cómo seguir con el ataque mientras se despejan los obstáculos:

Cuando el defensor es bloqueado "por debajo" del codo, rodar y seguir con un puñetazo con el dorso de la mano es una opción.

Cuando se bloquea profundamente y/o directamente en el pliegue del codo, el bloqueo medio abre el centro para un uppercut a la barbilla (del kata Sanchin) mientras desvía el golpe del atacante hacia el exterior.

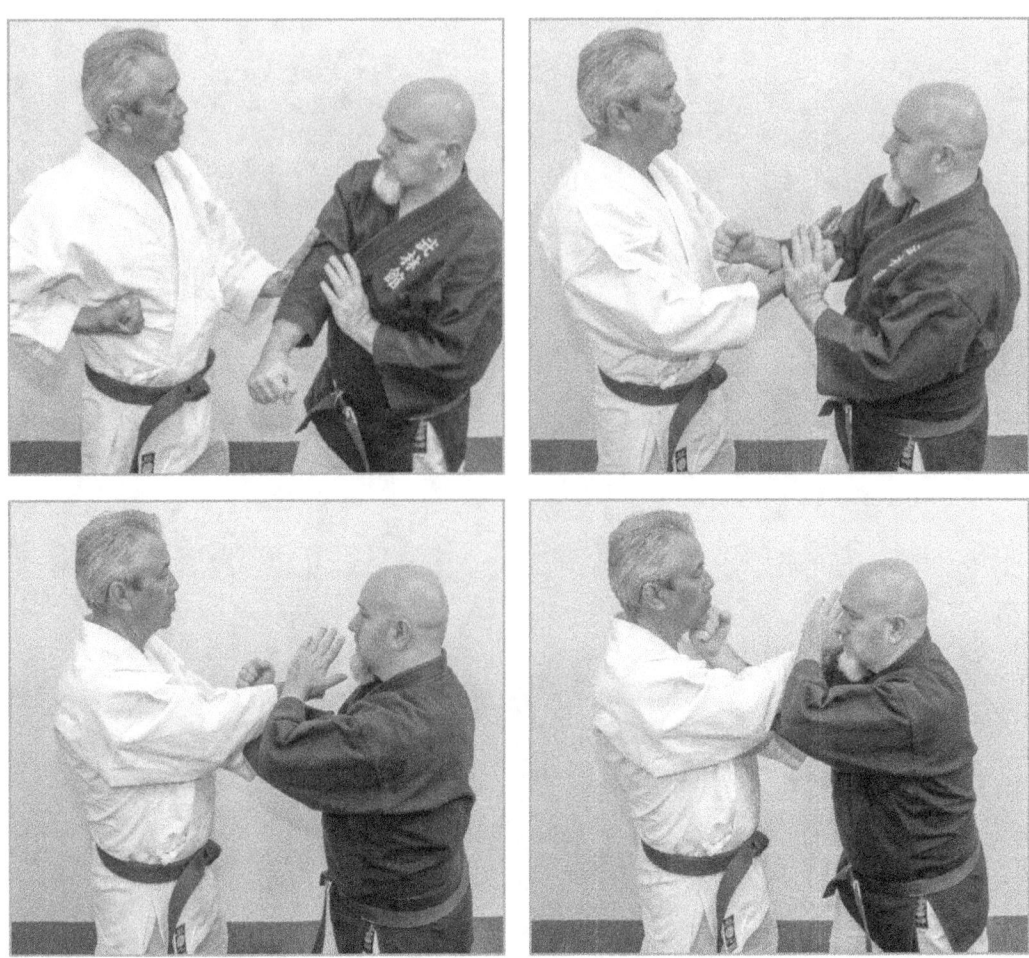

Otro ejemplo muestra la apertura del centro, mientras se desvía el puñetazo del atacante hacia el interior.

El puñetazo del defensor se desvía hacia arriba, por lo que el defensor utiliza ese punto de contacto para tirar del obstáculo del atacante hacia abajo, permitiendo un uppercut al lateral de la mandíbula.

Cuando el puñetazo del defensor se presiona hacia abajo, continúa de forma circular para golpear al atacante en la sien (otro ejemplo del kata Seipai).

Como ya hemos dicho, los principios suelen estar interrelacionados. Algunos principios describen una estrategia, mientras que otros describen una táctica que apoya esa estrategia.

Continuar hacia delante, despejando obstrucciones es un principio que se hace posible mirando al frente, y esforzándose por utilizar siempre el arma más cercana contra el objetivo más cercano. Es un ejemplo de opción agresiva en cualquier escenario de defensa personal.

Llena el Espacio Muerto (Optimizando el timing)

Una cosa que claramente no queremos hacer es realizar una combinación de tres partes (bloqueo, transferencia, golpe) contra un solo ataque. Se trata de un entrenamiento poco realista y potencialmente peligroso, ya que un análisis superficial demuestra que en el tiempo que el defensor realiza tres movimientos, no podemos suponer ni garantizar que el atacante no golpee dos veces más. Las variaciones en el tiempo de reacción entre humanos no respaldan la idea de que algunas personas sean al menos tres veces más rápidas que otras.

Este ejemplo, y otros muy similares, son habituales en las artes marciales tradicionales:

Una respuesta común de tres cuentas:
Recibir/Transferir/Contraatacar

Para evitar caer en entrenamientos ineficaces o ineficientes que podrían trasladarse a nuestros escenarios de aplicación, y en su lugar mantenernos centrados en lo que hace que las aplicaciones sean avanzadas, podemos considerar y aplicar las lecciones de principios ya tratados como los que se enumeran a continuación:

- *Timing*
- *Alarga tus técnicas*
- *Agresión*
- *Arma más cercana, objetivo más cercano*

Un método de aplicación consiste en utilizar continuamente ambos lados del cuerpo, entrelazando técnicas de los lados izquierdo y derecho del cuerpo en una transición fluida de la defensa al ataque, y de una manera que fomente los objetivos de pasar del después al durante y al antes o simplemente mantener el control del antes.

Un **método de enseñanza** para desarrollar un conjunto eficaz de opciones intercaladas que le ayuden a asegurarse de que tiene la opción de golpear (o si no controlar) en cada "tiempo", sigue esta progresión de entrenamiento:

1. Practicar el movimiento de bloqueo con una mano (bloqueo en "tiempo" 1).

2. Practicar el movimiento de bloqueo con una mano con inmediato contraataque con misma mano (bloqueo en tiempo #1, contraataque en tiempo 2).

3. Practicar el movimiento de bloqueo con una mano, mientras se golpea simultáneamente con la mano contraria (bloqueo y contragolpe ambos en el tiempo 1).

4. Combinar las progresiones 2 y 3: Practicar el movimiento de bloqueo con una mano, mientras se golpea simultáneamente con la mano contraria. Contraatacar inmediatamente con la mano que bloquea (bloquear y contragolpear en el tiempo 1, y realizar un golpe adicional en el tiempo 2).

A continuación analizamos y demostramos esta progresión.

Progresión 1 – Bloqueo con una mano

En esta fase, el alumno practica una técnica de bloqueo/recepción, en movimiento y con un compañero para adquirir las habilidades relacionadas con la recepción eficaz: Alcance, sincronización, colocación, presión, ángulo, estructura, etc.

Progresión 2 – Bloqueo a una mano con contraataque inmediato

En la segunda progresión, el alumno practica la transición rápida y eficaz de la técnica de recepción al contragolpe. Este modo de entrenamiento se ejemplifica en el kata Tensho de Goju-ryu, y expresa el concepto de encadenar movimientos en serie.

Nota: También presentamos varios ejemplos de "progresión 2" en la sección anterior sobre el *arma más cercana, el objetivo más cercano.*

Progresión 3 – Bloqueo con una mano y ataque simultáneo con la mano contraria

La tercera progresión requiere que el alumno coordine ambos lados del cuerpo para ejecutar simultáneamente dos movimientos dispares. Este tipo de movimiento es fundamental para actuar con eficacia **en el durante**.

Progresión 4 – Combinar Progresiones 3 y 2

La cuarta progresión combina las progresiones 3 y 2 para asegurar que ambos brazos están adecuadamente involucrados en el primer tiempo, permitiendo un golpe en el primer tiempo, y luego la transición de la mano que bloquea/recibe inmediatamente a un golpe secundario del arma más cercana al objetivo más cercano. En este escenario, el defensor actúa en el **durante** en el primer tiempo (atribuido a la progresión 3), y transiciona inmediatamente de la defensa al contragolpe con la mano de bloqueo (progresión 2) para asegurar la posición del defensor en el **antes**.

Progresión 4 – Combinar Progresiones 3 y 2 (lado contrario)

Estos métodos requieren que el practicante extienda las técnicas más allá de la forma ideal/en solitario para hacer la transición a lugares distintos del "costado" entre movimientos, y continuar desde la posición en la que esté directamente hacia el objetivo más cercano. Independientemente de las progresiones de entrenamiento que utilices en tu entrenamiento y enseñanza, es importante recordar que la velocidad por sí sola no suele ser la solución principal a un problema, dado que los artistas marciales no pueden asegurar que serán 2-3 veces más rápidos que un atacante. Recomendamos a los instructores que introduzcan otros principios utilizados para respaldar las metodologías de enseñanza y entrenamiento que evitan depender únicamente de los músculos de contracción rápida.

Flanqueo, Posicionamiento y Mano Adecuada

Uno de los principios más comunes entre las artes marciales es "moverse hacia el exterior". Para comentar los méritos de este principio común, comenzaremos por volver a ver algunas posiciones comunes que uno puede buscar o en las que se puede encontrar durante un enfrentamiento. Aunque no son exhaustivas, resultan útiles a la hora de debatir los supuestos de entrenamiento y el concepto de mano adecuada.

Las siguientes posiciones principales se describen por la posición del defensor, en relación con el atacante:

1. Doble dento

2. Doble fuera

3. Solapamiento (cabeza dentro o fuera)

4. Afuera

5. Flanquear (lo que la gente suele querer decir cuando dice "pasar al exterior")

6. Flanqueado

Posición interior doble

En la posición interior doble, el defensor está "rodeado" por el atacante, lo que puede resultar inquietante. Afortunadamente, este aspecto negativo se compensa con la ventaja de un acceso relativamente libre a los puntos más vulnerables de la anatomía del atacante (garganta, ingle, ojos, xifoides, bazo, hígado, etc.).

Posición Interior Doble

Posición Exterior Doble

Inversamente, la posición doble exterior parece una posición dominante, ya que rodeamos al atacante; sin embargo, este tiene un acceso más fácil a nuestros puntos más vulnerables por lo que debemos tener cuidado de protegerlos en esta posición.

Posición Exterior Doble

Solapamiento (cabeza por dentro o por fuera)

En la posición "solapada/superpuesta", uno de nuestros brazos está dentro de los brazos del atacante, mientras que el otro está fuera. Esta posición admite bien las aplicaciones que atrapan uno de los brazos del atacante entre los dos nuestros. Debemos explorar la posición de la cabeza dentro o fuera de los brazos del atacante tanto para posibilidades defensivas como ofensivas.

 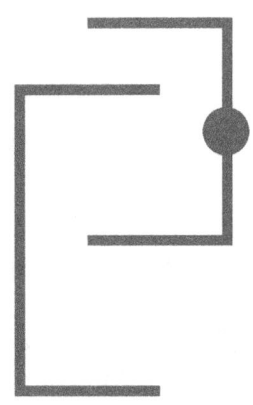

Solapamiento (cabeza dentro)

 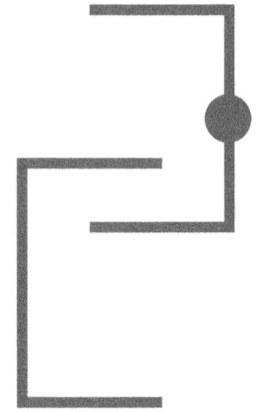

Solapamiento (cabeza fuera)

Un punto de precaución es que la posición de solapamiento es en gran medida la misma para ambas personas, y tiene beneficios posicionales relativamente iguales tanto para el atacante como para el defensor de la misma manera que un barrido, O soto gari (gran siega por el exterior) siendo una postura "en espejo" para ambos practicantes. Lo que en última instancia hace que O soto gari sea exitoso, así como difícil de contrarrestar, son los otros principios que apoyan su éxito, tales como: kuzushi (romper el equilibrio), tsukuri (posicionamiento complementario del cuerpo), y kake (ejecución de la energía correcta para completar la técnica).

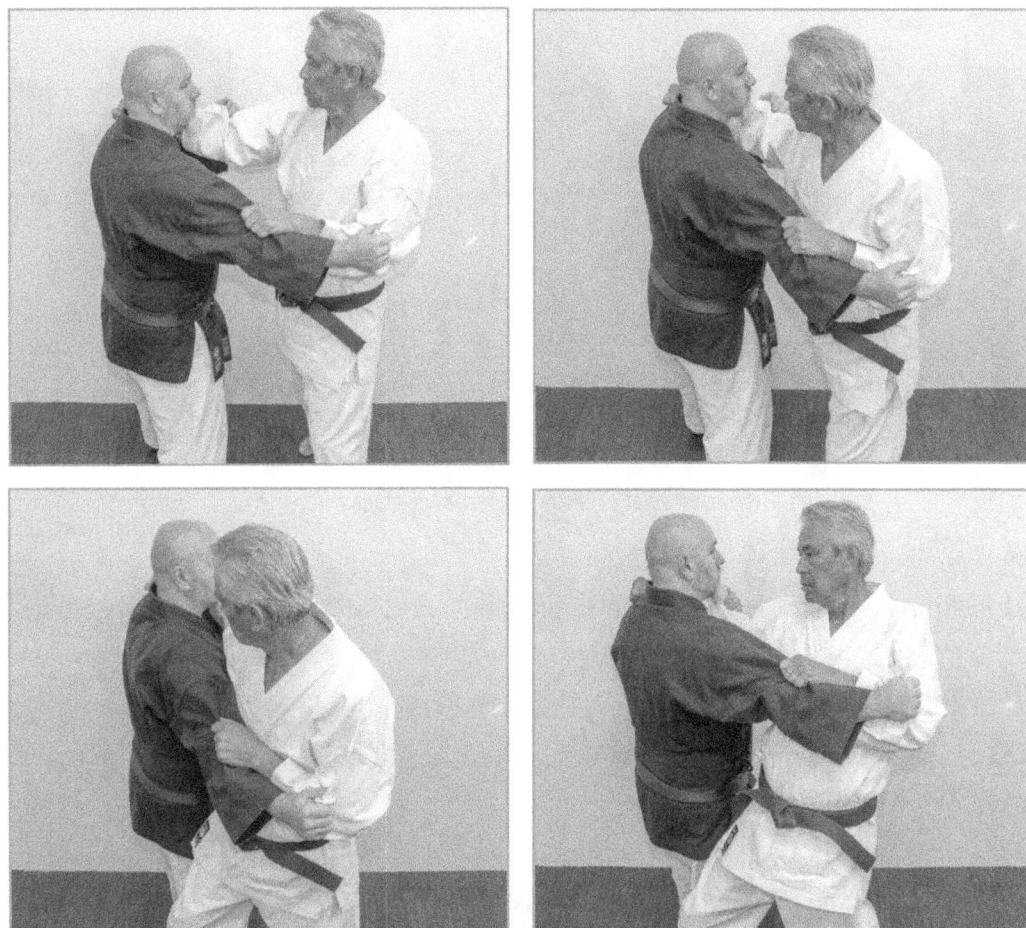

El atacante intenta barrer al defensor con O-soto-gari. Las posiciones están en espejo. El defensor tiene la oportunidad de contrarrestar con la misma técnica exactamente si no están presentes otros factores que aseguren su éxito.

Posición Exterior

La posición exterior es la más habitual en el entrenamiento tradicional de karate. Muchos kumite fundamentales se realizan normalmente en esta posición, al igual que el kakie (ejercicio fundamental de manos pegajosas del Goju-ryu). En esta posición, estamos típicamente ocupados con el brazo de nuestro atacante, derecho con derecho, o de izquierdo con izquierdo, y tanto las manos lejanas del defensor como las del atacante están esencialmente fuera de posición útil.

Posición exterior (manos derechas ocupadas)

Flanqueo

El flanqueo es un caso especial de la posición "exterior", en la que la persona que flanquea está en la posición exterior, pero girada hacia el centro de la persona flanqueada.

Desde aquí, normalmente estamos fuera del alcance útil de la mano lejana del atacante, y nuestra mano de flanqueo puede:

- Alcanzar la cabeza/cuello
- Agarrar el hombro contrario desde atrás
- Empujar o romper el ataque del adversario

 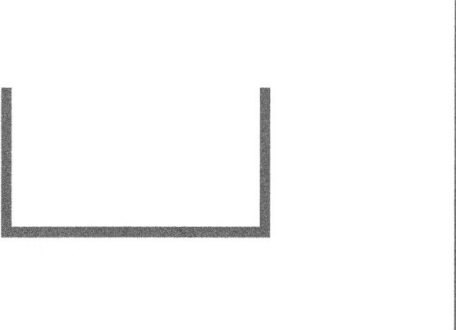

Flanqueando (Defensor fuera)

Flanqueado (y "autoflanqueado")

Cuando un defensor es flanqueado, el atacante tiene todos los mismos beneficios de flanqueo descritos anteriormente, pero con el defensor en desventaja. Aunque esto puede parecer obvio, lo que no es tan obvio es que las acciones del defensor pueden llevar fácilmente a una situación en la que el defensor se ponga a sí mismo en una situación de flanqueo, que definimos como autoflanqueo.

En el ejemplo de abajo, el defensor (de negro) ha conectado el brazo derecho del atacante con su propio brazo derecho desde la posición interior. En este escenario, no fue la acción del atacante la que causó que el defensor fuera flanqueado, fue la elección del defensor de ir con su brazo derecho al brazo derecho del atacante desde la posición interior. Esto es lo que llamamos "mano equivocada".

Autoflanqueo (mano equivocada) – Defensor abajo

Una situación de autoflanqueo, forzando el enfrentamiento de la mano "equivocada" del defensor, también puede ocurrir cuando el atacante ha inmovilizado o retenido de alguna manera uno de los brazos del defensor. En tales casos, puede que no sea posible evitar el enfrentamiento con la mano equivocada.

El atacante nos agarra y tira hacia el otro lado con la "misma" mano, y luego nos da un puñetazo. El defensor reacciona con la mano "equivocada".

Análisis

Al revisar las principales opciones posicionales entre atacante y defensor, debería quedar claro que *flanquear* o *autoflanquear* es potencialmente la peor posición para el defensor, ya que elimina en gran medida su mano "trasera" en la lucha.

Por un razonamiento similar, el *flanqueo* es tácticamente una posición superior porque elimina en gran medida la mano más lejana del atacante del alcance efectivo, lo que reduce eficientemente a la mitad las herramientas disponibles del atacante. Es importante entender que el *flanqueo* es una de las pocas posiciones realmente superiores, ya que cambia las herramientas que la otra parte tiene en la lucha, similar a desarmar a alguien que tiene un arma.

También es importante tener en cuenta que *flanquear*, y moverse hacia el exterior en general, es una maniobra altamente defensiva ¿por qué? Porque sus efectos sirven para realizar lo siguiente:

1. Evitar el contacto con la otra mano del atacante, y

2. Alejarse de los objetivos más vulnerables (ojos, garganta, xifoides, hígado, bazo, vejiga e ingle) en favor de la seguridad que da el flanqueo.

Mientras que las otras posiciones principales (*doble interior, doble exterior, solapamiento y exterior*) tienen todas fortalezas tácticas específicas, debilidades y opciones, sus aplicaciones están más allá del alcance de este libro, por lo que pasaremos a un concepto que ayuda a secundar la capacidad de un practicante para flanquear consistentemente a un oponente: "Mano adecuada".

La "mano adecuada" es la mano que se utiliza cuando un adversario ataca para que el defensor no cree una situación de *autoflanqueo*.

La mano adecuada es la mano izquierda contra el puñetazo derecho del atacante. Si el defensor se hubiera enfrentado a la mano derecha del atacante con su propia mano derecha (denominada *mano incorrecta* en comparación), sería especialmente vulnerable al seguimiento de la mano izquierda del adversario.

Dado que el concepto de *mano adecuada* ayuda a un practicante no sólo a evitar el autoflanqueo, sino que también establece una posición de flanqueo potencial en relación con el atacante, desarrollando de la destreza de atacar con la mano adecuada ofrece al practicante múltiples oportunidades de posición mediante la adquisición de un único conjunto de destrezas.

A continuación se presenta un ejemplo de ejercicio que favorece la colocación de la mano adecuada, la evitación de situaciones de autoflanqueo y, en última instancia, una de las opciones habituales de puenteo que favorece el flanqueo completo, la de transferencia (véase puenteo-transferencia en el capítulo 5).

Ejercicio de "mano correcta"

Paso 1 - Dador (en negro) y receptor (en blanco) establecen marcos centrales.

Paso 2 - El dador extiende rápidamente la mano para tocar el plexo solar del receptor.

Paso 3 - El receptor bloquea con la mano "adecuada" (del mismo lado).

Paso 4 (progresión opcional) – El receptor "transfiere" la mano del dador, moviéndose hacia el exterior.

Algunos puntos importantes relativos a este ejercicio, en función del rol:

Dador: No telegrafíes. Practica el movimiento de torsión hacia delante desde un estado de relajación y no te retires inmediatamente.

Receptor: No empujes hacia abajo, presiona hacia el centro del atacante. La técnica fundamental aquí es similar al chudan-uchi-uke (bloqueo hacia adentro de nivel medio), no al osae-uke (bloqueo presionando hacia abajo).

Sobre el paso 4 - Transferir: Cuando esté listo, añada el movimiento secundario de un bloqueo típico a dos manos para *transferir* el contacto de la mano adecuada a la mano secundaria. Esto libera la mano adecuada para flanquear completamente al oponente.

Nota: Si no transferimos nuestra mano *adecuada* al flanquear, nos quedamos en la posición exterior o de solapamiento en vez de la posición de flanqueo, porque nuestra mano adecuada inicial no alcanza por detrás a la persona.

Una vez que el ejercicio desarrolla las habilidades apropiadas de la parte superior, esta práctica debe acompañarse de pasos para mover al defensor al flanco, girado adecuadamente para colocar su mano más lejana en posición.

Forzando la "cuarta puerta" (四門)

En algunas artes marciales chinas, la zona situada fuera de ambos brazos y detrás del cuerpo (posterior/dorsal) se denomina cuarta puerta. Es el lugar donde el defensor se posiciona cuando flanquea.

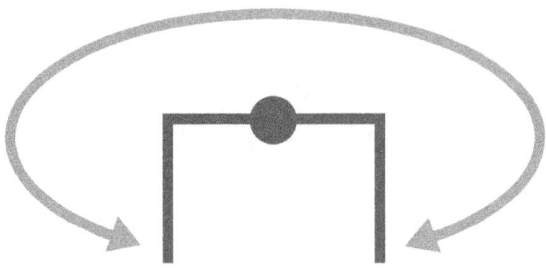

Sin embargo, hay dos métodos principales para lograr la posición de flanqueo. Uno es el descrito anteriormente, que consiste en "moverse hacia" la 4ª puerta aplicando el desplazamiento a la práctica de la mano adecuada y transfiriendo el puente de la mano adecuada a la mano secundaria, combinando las habilidades de la parte superior e inferior del cuerpo para flanquear a un atacante.

La otra es "forzar" la 4ª puerta. Al forzar la 4ª puerta, se utiliza uno o ambos brazos para girar al atacante de tal manera que la 4ª puerta del atacante se mueva, colocando al defensor dentro de esta.

Algunos ejemplos:

Ejemplo 1 – Desde la posición exterior

El defensor recibe el puñetazo del atacante y lo gira aplicando presión en el codo. El defensor aplica estrangulamiento por detrás (del kata Saifa).

Ejemplo 2 - Desde la posición superpuesta

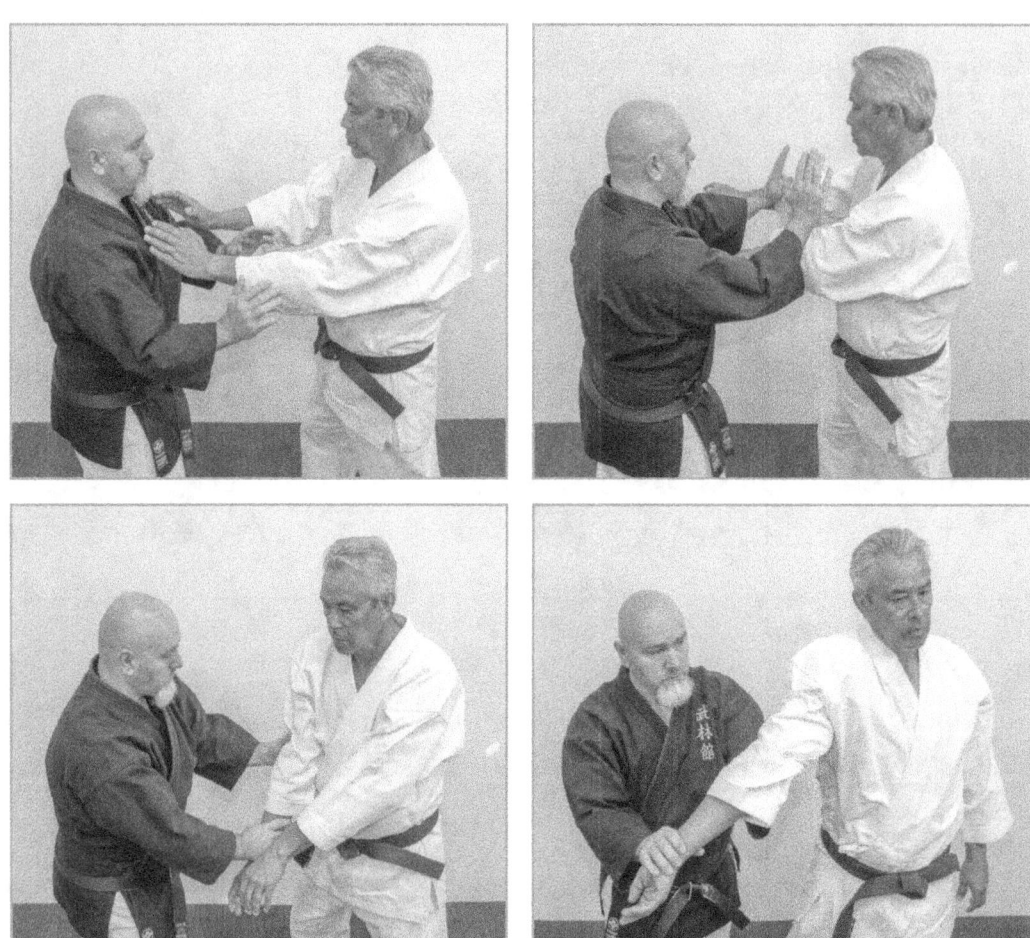

El defensor recibe el empuje del atacante, pasando su brazo izquierdo por debajo y girándolo de forma que el defensor flanquea ahora al atacante. El defensor rompe el codo del atacante (aplicación del bloqueo sukui uke/"cuchara" de los kata Saifa, Seiunchin, Seisan, kururunfa y Suparinpei).

Combinando opciones

Hay dos opciones principales para flanquear: 1) Moverse hacia el flanco, y 2) Forzar la 4ª puerta. Cada una de ellas debe ser explorada y entrenada. También hay una tercera opción a trabajar, que consiste en combinar las dos.

Para ser igual de eficaz, el defensor sólo tiene que moverse la mitad de distancia y girar al atacante la mitad de lo que suele ser necesario. Dependiendo de la situación, puede ser más seguro moverse menos mientras se está en contacto con el atacante, y girar al atacante la mitad puede ser más fácil de conseguir.

Resumen

Independientemente de tus preferencias (o las de tu arte) en cuanto a la posición, en un altercado en vivo, un defensor tiene una capacidad limitada para forzar el contexto y las posiciones disponibles. Debido al caos del combate, es valioso comprender y entrenarse para una serie de escenarios y opciones, al tiempo que se comprenden los puntos fuertes y débiles relativos de cada uno de ellos.

Arriba se describen algunos escenarios con las "manos arriba". El entrenamiento también debe incluir escenarios en los que el defensor se vea sorprendido con las manos abajo, empujado contra una pared, comenzando en un estrangulamiento, etc. Como las variantes son infinitas, recomendamos desarrollar el entrenamiento básico en torno a varios escenarios comunes y luego apoyarse en una plataforma más libre para dar a los alumnos la experiencia de aplicar y transferir (Capítulo 1) su arte en diversas posiciones difíciles de prever. En el capítulo 6 presentamos un ejemplo de plataforma con un método de enseñanza progresivo.

Resumen del Capítulo

En el Capítulo 3, hemos hablado del timing... hemos definido el después, el durante y el antes, y hemos analizado el extraordinario desafío que supone pasar del después al antes, pasando por el durante. Definimos *agresividad*, no como un atributo emocional, sino como una "presión" o un imperativo para pasar lo más eficientemente posible de la defensa al *contra-control*.

Describimos varias razones por las que los movimientos fundacionales de un arte deben *expandirse* para sustentar su utilidad, así como por qué hay numerosas razones para, y posturas que apoyan el objetivo de mantener las manos lo más cerca posible del atacante (*de frente*), donde puedan encontrar blancos fáciles (*arma más cercana, blanco más cercano*).

En un contexto similar, analizamos por qué *avanzar* continuamente, en lugar de retroceder, contribuye a un control eficiente y eficaz, sabiendo que habrá obstáculos en el camino que habrá que *sortear o eliminar*.

Hablamos de una progresión de entrenamiento que ayuda al defensor a entrelazar la defensa y el ataque de tal manera que *llene tanto el espacio como el tiempo*, y ayude al defensor a tomar la iniciativa y deje pocas oportunidades al atacante para recuperarla.

Por último, repasamos una serie de posiciones importantes en las que pueden encontrarse el defensor y el atacante, y profundizamos en cómo flanquear a un atacante y evitar el autoflanqueo mediante el *entrenamiento de la respuesta de mano adecuada*.

4

Xing (Las Herramientas)

> El capítulo 4 trata algunos detalles específicos sobre las herramientas anatómicas. En el Goju-ryu, como en muchas artes marciales del sur de China, hay énfasis en las técnicas de la parte superior del cuerpo sobe las patadas, por lo que la mayoría de estos principios representativos se centran en los puentes (brazos).
>
> Estos principios tienden a sugerir formas creativas de garantizar que tus técnicas de la parte superior del cuerpo sean seguras, eficaces y polivalentes.

Tres puertas y Tres segmentos

Como se mencionó en la sección sobre el Flanqueo, la Posición y la Mano Adecuada en el capítulo anterior, la mayoría de los puntos vitales se encuentran en la parte interior del cuerpo. Más allá de eso, el "centro" del cuerpo está representado aproximadamente por la línea de la columna vertebral y representa el centro de rotación y masa.

Los golpes dirigidos a nuestro centro de masa son especialmente dañinos... su energía impacta de lleno en nuestra fisiología y postura, y la energía no se disipa fácilmente en rotación. Del mismo modo, los empujones o tirones tienen el mayor efecto si conectan con nuestro centro. Un análisis más profundo del uso de la rotación por su valor defensivo y ofensivo está más allá del alcance de este libro; sin embargo, la energía y el posicionamiento rotacionales de un oponente son herramientas valiosas y dignas de un estudio en profundidad.

En un arte marcial con las manos vacías, las "herramientas" que tenemos se refieren al cuerpo humano, y las principales herramientas para interactuar con el mundo son nuestros brazos. Nuestros brazos son muy importantes al ser "vehículos de reparto" para nuestras manos, densas en nervios, que utilizamos para manipular nuestro entorno. Dada la proximidad de nuestros brazos a la mayoría de órganos vitales, incluido el cerebro, son nuestra principal herramienta para defendernos de los ataques.

Dibujo de la densidad nerviosa del cuerpo humano
Image source: https://www.art.com/products/p22105168571-sa-i7527371/peter-gardiner-motor-and-sensory-homunculi.htm

Dado que nuestras manos están tan pobladas de nervios, es habitual hacer hincapié en detalles y aplicaciones relacionados con ellas, mientras infrautilizamos el resto del brazo. Nuestros brazos tienen tres partes principales: mano, antebrazo y parte superior del brazo, separados por las articulaciones de la muñeca y el codo, y conectada al cuerpo por la articulación del hombro.

Los tres componentes primarios del brazo:

- Mano/Muñeca
- Antebrazo/Codo
- Parte superior del brazo / hombro

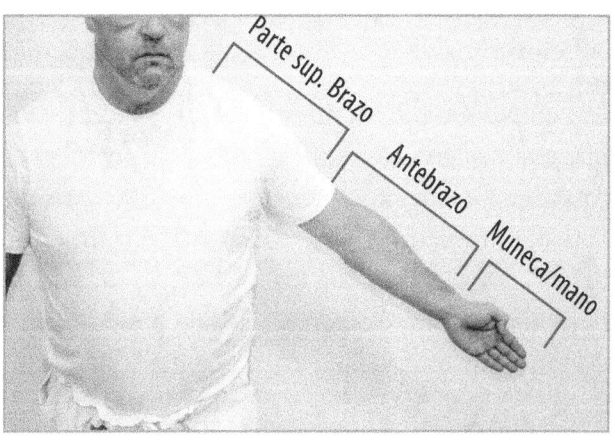

Es importante darse cuenta de esto, ya que parte del valor de las artes marciales sistemáticas es el intento de aprovechar los aspectos infrautilizados de la fisiología humana siempre que sea posible. El brazo podría compararse con una lanza. Si sólo se utiliza la punta, se pierde la utilidad de bloquear con el asta o de golpear con la culata del arma.

Es muy común no utilizar todo el potencial de nuestra anatomía, y varios principios pueden ayudarnos a obtener la ventaja de su uso completo, tanto defensiva como ofensivamente, considerando más a fondo las capacidades de nuestros brazos.

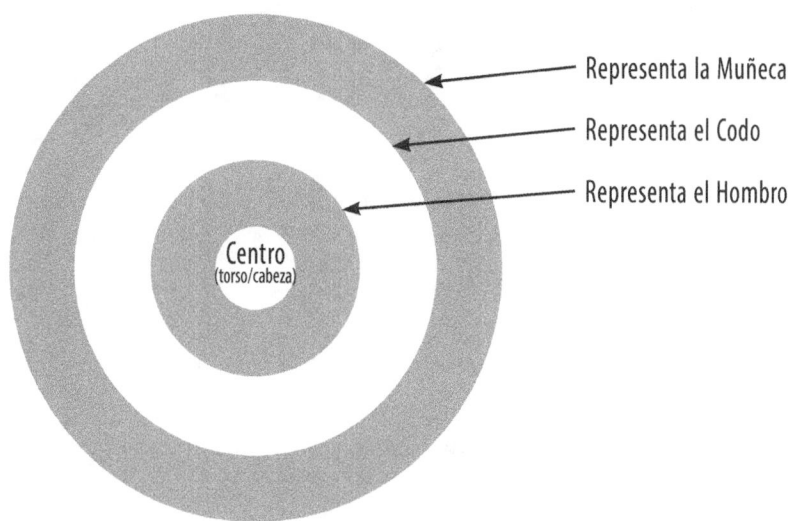

Tres Puertas y Tres Segmentos

Defensivamente – Tres Puertas (san men / 三門)

Como regla general, uno es propenso a ser atacado en el centro ya que estos ataques tienden a penetrar, en lugar de desviarse debido a la rotación del torso sobre su eje vertical.

Desde una perspectiva defensiva, las tres "puertas" del brazo podrían considerarse como las puertas de un castillo concéntrico, en el que nuestra columna vertebral/centro desempeña el papel de castillo que hay que proteger.

Las puertas concéntricas que rodean el castillo

Afbeeldingsbron: http://primaryfacts.com/1049/different-types-of-castles-facts-and-information/

Así, en esta analogía:

- Castillo = Coluna/centro
- Puerta Interior = Hombro/Parte Alta del Brazo
- Puerta Central = Codo/Antebrazo
- Puerta Exterior = Muñeca/Mano

Conforme avancemos en el análisis de ejemplos de uso de la naturaleza defensiva de las 3 secciones de los brazos, usaremos este método abreviado para describir las puertas:
- 1ª puerta – muñeca/mano
- 2ª puerta – antebrazo/codo
- 3ª puerta – parte alta del brazo/hombro

El defensor realiza un bloqueo cruzado con la mano equivocada (2ª puerta) contra un puñetazo a la cara, lo que requiere una defensa con kuri-uke (bloqueo de la parte posterior del codo/3ª puerta) contra el segundo puñetazo (de los kata Kururunfa/Seiunchin).

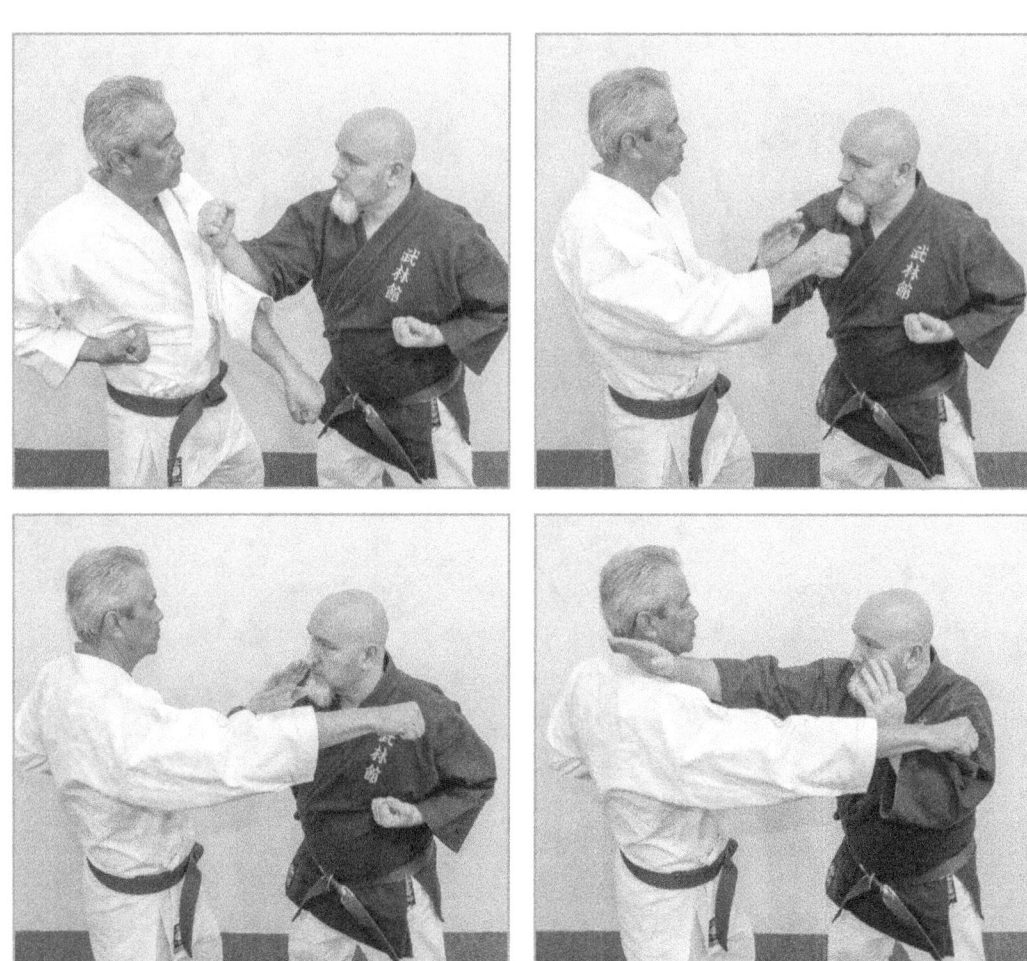

El defensor bloquea el primer puñetazo del atacante con la 2ª puerta (antebrazo) y bloquea el segundo puñetazo del atacante con la 1ª puerta (muñeca) antes de contraatacar.

El defensor recibe el puñetazo derecho del atacante con la mano equivocada nagashi-uke (bloqueo fluido/1ª puerta), y se defiende del puñetazo izquierdo con su antebrazo/codo derecho (2ª puerta) (una aplicación del kata Seiunchin - "postura del arquero").

Si utilizamos la palma de la mano o la muñeca para bloquear un puñetazo y el adversario golpea inmediatamente con la otra mano, podemos subir o bajar el codo para bloquear el segundo puñetazo. El adversario podría entonces utilizar su primera mano para presionar nuestro codo y golpearnos una vez más. Si seguimos sin poder utilizar la mano libre (debido al alcance/posición), la única opción que nos queda es girar el cuerpo y bloquear con el hombro.

Dado que el hombro no es muy móvil, su capacidad defensiva es limitada, por lo que se recomienda tener en cuenta las funciones de la 1ª y la 2ª puerta por su valor defensivo frente a los múltiples ataques de un atacante. Del mismo modo, es muy recomendable que los movimientos defensivos hagan el mejor uso posible de la 2ª puerta para mantener la mano libre para un contraataque inmediato o simultáneo (véase el capítulo 4, Las manos no persiguen a las manos).

Ofensivamente – Tres Segmentos (san jie / 三節):

Antes hicimos una comparación entre el brazo y una lanza; un ejemplo mejor sería considerar que un brazo es esencialmente un arma "flexible". El brazo se parece mucho más a un mayal, un palo de tres secciones, un nunchaku o una cadena, armas que normalmente se despliegan con el propósito de atacar "alrededor" de obstáculos, actuando normalmente como escudo. En esencia, un arma flexible es aquella que está pensada para golpear alrededor de obstáculos.

En el contexto de la mano vacía, la flexibilidad del brazo y sus múltiples articulaciones se pueden usar para atacar de forma continua o rodear los bloqueos del adversario al atacar.

Por ejemplo, puedo dar un puñetazo a mi oponente, que bloquea mi brazo. Si su bloqueo entra en contacto con mi brazo entre la muñeca y el codo, puedo moverme hacia dentro, doblar el codo y atacar con él. Si mi codo es bloqueado por la otra mano, puedo hundirlo, moverme hacia dentro y atacar con el hombro.

Este concepto debe ser investigado y practicado a fondo, lo que resulta en la capacidad de seguir golpeando a través y alrededor de los bloqueos con una variedad de superficies de golpeo "no típicas".

Ejemplos (Ataque ⇨ Ataque)

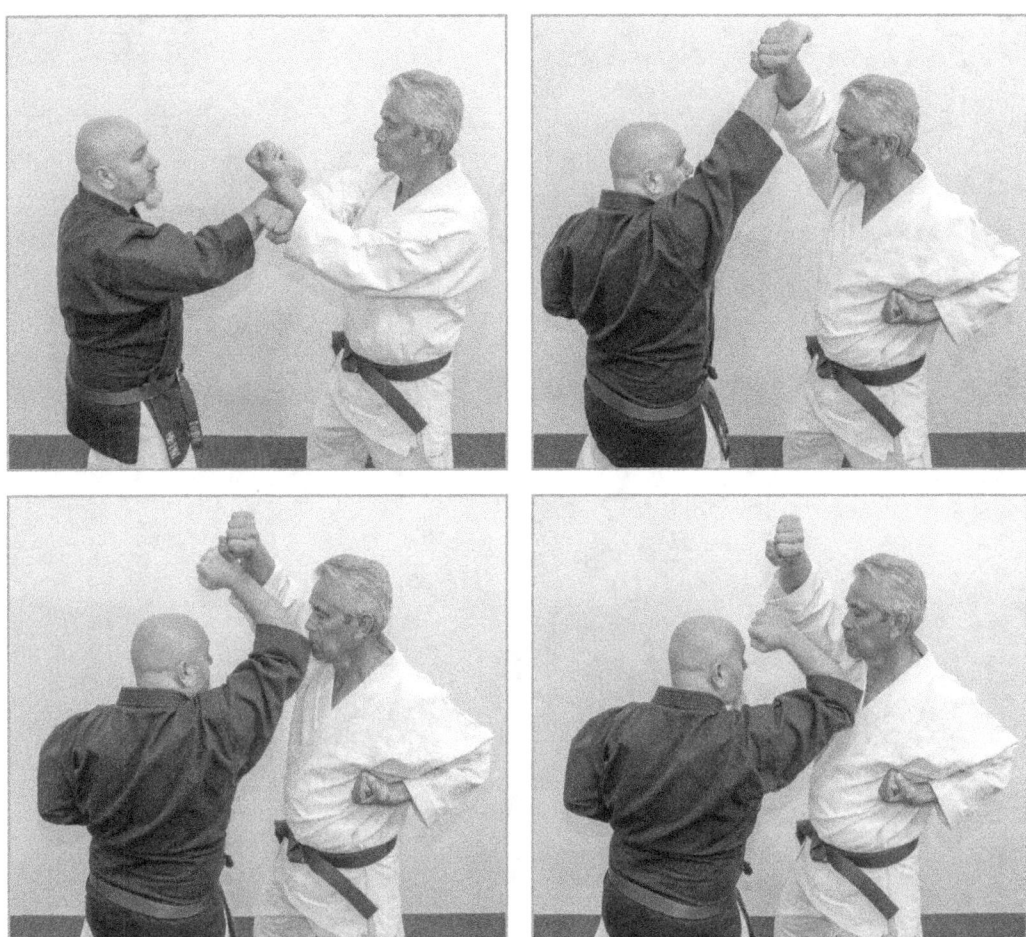

El puñetazo alto del defensor (1er segmento) es bloqueado, por lo que pasa inmediatamente al codo (2º segmento) a la cara o al esternón.

Defensor golpea bajo (1er segmento), y es bloqueado. El defensor se "pliega" inmediatamente, continuando con un codazo (2º segmento) dirigido al hígado.

El defensor golpea (1er segmento) y es bloqueado, luego va por detrás del codo del atacante, agarrando con su mano izquierda y utilizando la parte superior del brazo (2º segmento) o el hombro (3er segmento), dependiendo del ángulo, para romper el codo del atacante.

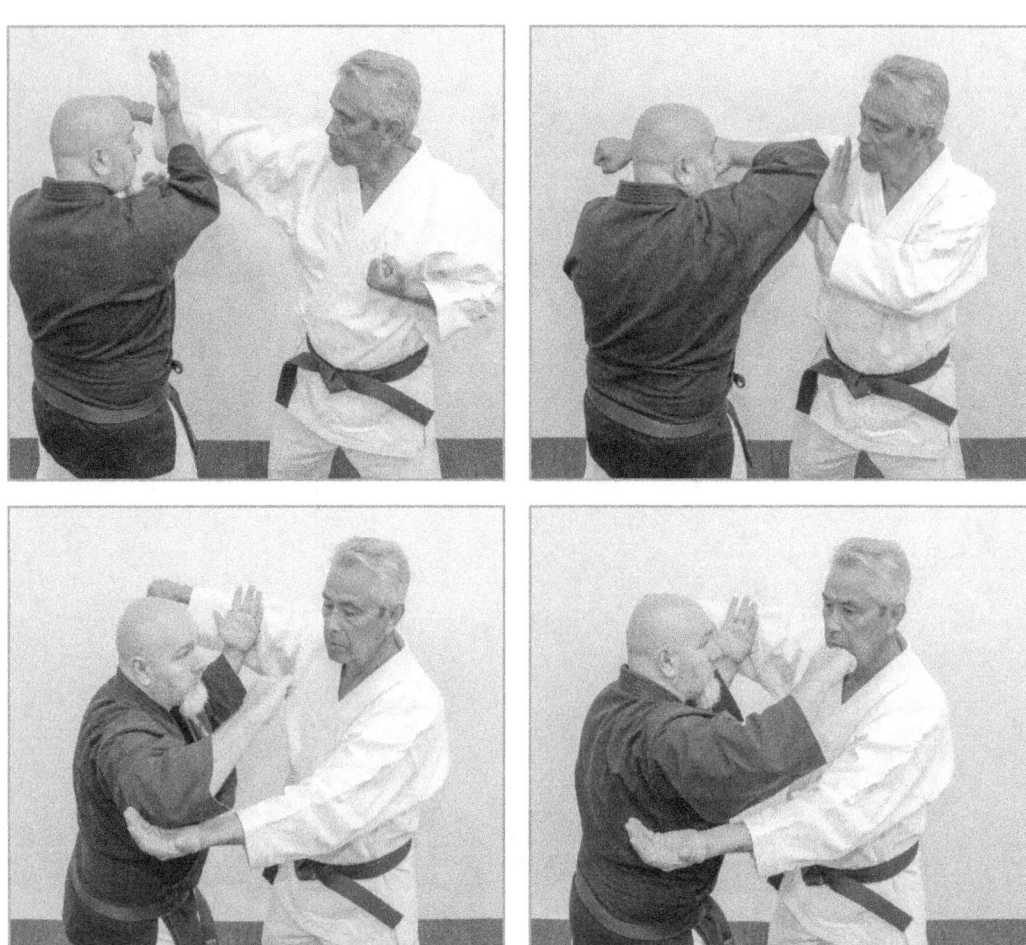

El defensor defiende el puñetazo con la mano contraria, pero cambia agresivamente a un ataque con el codo (2º segmento) a la cara. El atacante bloquea el codo, así que el defensor rota tirando hacia atrás su cadera derecha, abriendo el centro del atacante. Ahora sin obstáculos, el defensor golpea (1er segmento) a la cara.

Ejemplos de Defensa/Ofensa Mixta

Defensa ⇨ Ataque:

El defensor defiende con la muñeca izquierda (1ª puerta), agarra con la mano derecha, y luego transfiere la presión al hombro izquierdo (3er segmento), mientras golpea con un codo trasero al hígado (2º segmento) (del kata kururunfa).

El defensor realiza un bloqueo alto (2ª puerta) en el interior, y realiza una transición a un tettsui-uchi descendente (puño martillo/1º segmento) a la cara, mientras detiene la otra mano del atacante.

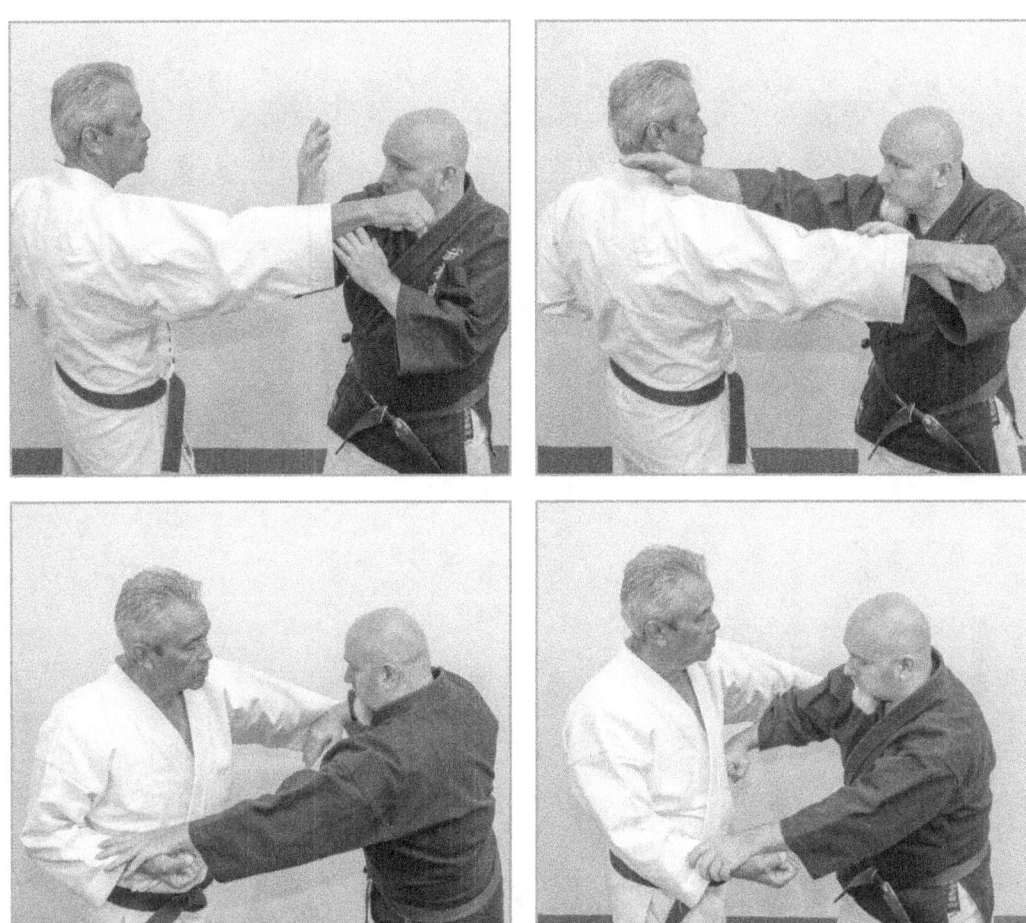

El defensor realiza un bloqueo cruzado con la mano equivocada (1ª puerta) y aplica golpe al cuello (1ª parte). A continuación, debe defenderse del gancho al cuerpo con el antebrazo derecho (2ª puerta), para terminar golpeando en el bazo (1ª segmento).

El defensor bloquea un puñetazo al hígado con el codo derecho (2ª puerta), e inmediatamente contragolpea (1er segmento) a la cara. El defensor eleva el codo derecho (2º segmento), da un tirón del brazo izquierdo y gira la cintura proyectando al atacante.

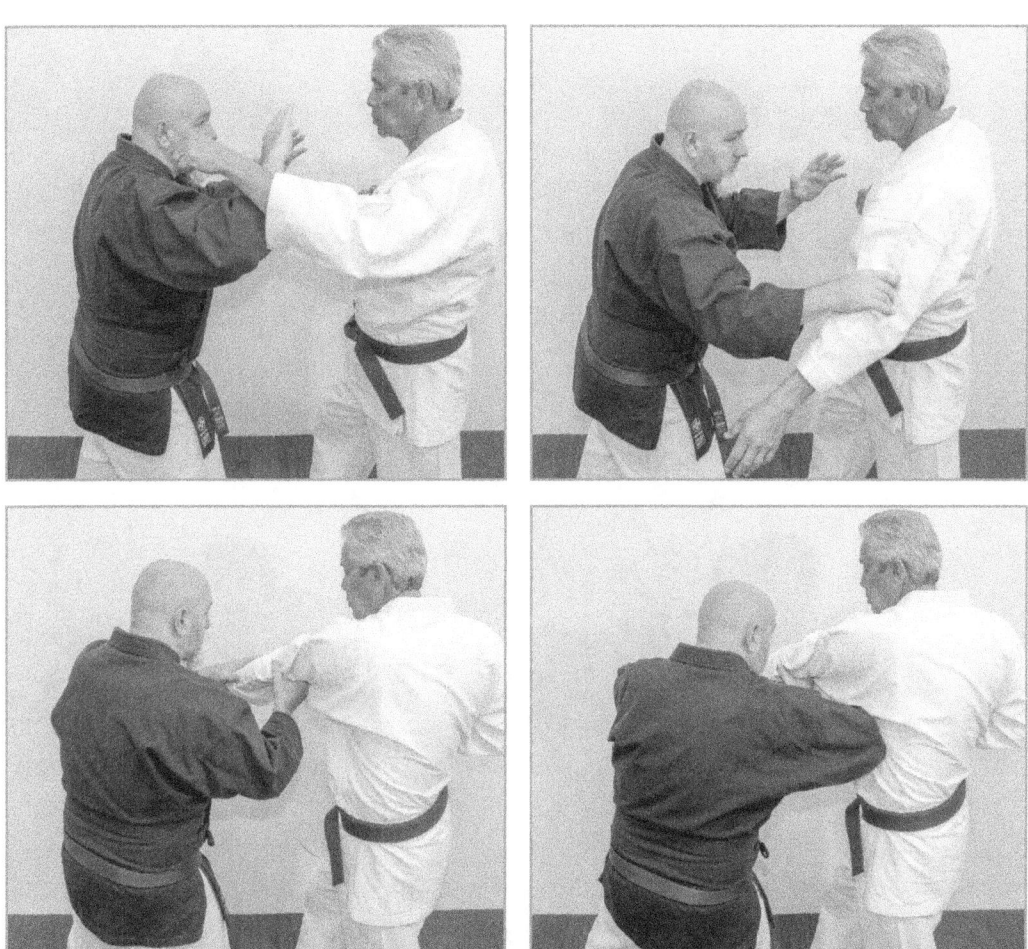

El defensor utiliza sukui uke (bloqueo de cuchara/primer segmento) para pasar el golpe del atacante por debajo, y luego golpea con el codo (segundo segmento) las costillas flotantes del atacante.

El puñetazo alto del defensor es bloqueado, y el atacante aprovecha la apertura. El defensor ejecuta una defensa descendente con el codo (2ª puerta) contra el puñetazo, pasando inmediatamente a un uppercut (1er segmento).

El defensor bloquea el puñetazo del atacante e inmediatamente realiza un uppercut. A continuación, el defensor usa la parte superior del brazo para desequilibrar al atacante, mientras golpea a la barbilla (de Seisan kata). El defensor cambia entonces a una proyección de brazo, similar al kaiten nage (lanzamiento de rueda/Aikido) o puter kepala (girar la cabeza/Silat).

Dado que el equivalente en mano vacía a una "carrera armamentística" es la comprensión y aplicación de los principios que apoyan tanto la eficiencia como la eficacia, un método primordial para avanzar en las propias habilidades es utilizar mejor las herramientas ya disponibles. Aunque es difícil debido al extremo foco que ponemos en la mano, un estudio y práctica exhaustivos del uso de todas las partes del brazo puede permitir al practicante lograr más con las mismas herramientas, tanto con fines ofensivos como defensivos.

Las Manos no Persiguen a las Manos

Como se ha mencionado en relación con las tres puertas y los tres segmentos, es muy común en el entrenamiento centrarnos en las manos. Nuestras manos tienen una densidad extremadamente alta de nervios, y por lo tanto se convierten fácilmente en un foco de nuestro entrenamiento, y en última instancia de nuestras aplicaciones. A las manos mismas se les da el papel principal para casi todas las aplicaciones que involucran los brazos... golpear, agarrar, empujar, tirar, etc.

Normalmente, los principios te dicen lo que tienes que hacer o los objetivos a los que tienes que aspirar, pero hay excepciones, sobre todo cuando hay errores comunes que la gente comete en su entrenamiento, a pesar de tener principios que les dicen lo contrario.

La advertencia "las manos no persiguen a las manos" nos recuerda que utilicemos los antebrazos (2ª puerta/segmento) en sustitución de las manos en la mayoría de las circunstancias, y también sirve para recordarnos que el objetivo principal de una aplicación raramente es controlar las manos del oponente.

Un Conjunto

Como ya se ha mencionado, los brazos tienen muchas áreas que son potencialmente superficies de golpeo. Los brazos tienen tres articulaciones principales (muñeca, codo, hombro), lo que permite muchas opciones de ataque, defensa y defensa/ataque simultáneos.

Por ejemplo, podríamos bloquear el puñetazo de un oponente y, a continuación, mientras presiono e inmovilizo su brazo atacante en el codo con mi propio codo, contraatacar inmediatamente con un uppercut de la mano que golpea.

Esto no puede ocurrir si uno se centra demasiado en la mano o el puño. Todo el brazo es a la vez un arma y un escudo. En un momento dado, puede desempeñar el papel de uno, de otro o de ambos.

Todas las articulaciones del brazo deben estar activas y todas las superficies deben utilizarse con fines ofensivos y defensivos. No utilices la mano o la palma si el antebrazo o el codo pueden hacer el mismo trabajo.

Desde la perspectiva de las herramientas del profesional, se podría decir: "*Las manos no persiguen a las manos* **si el antebrazo puede hacer el mismo trabajo.**"

Oponente

Recuerda también que el adversario no sólo tiene manos, y que la mayoría de nuestros métodos de control están relacionados con otras partes de la anatomía del atacante.

Si, como profesional, te ocupas sólo por la mano o la muñeca del atacante, ten en cuenta lo siguiente:

- Es difícil controlar su cuerpo o anular su capacidad de seguir luchando si se le ataca a la muñeca. Ocuparnos del codo tiene un mayor beneficio para romper el equilibrio del atacante.
- El codo del atacante es potencialmente mucho más potente y peligroso que su mano o puño, si no se controla.
- Las manos se mueven más rápido que los codos, y son más difíciles de seguir a velocidades realistas.
- Muchos objetivos comunes de control suelen tener mucho que ver con los puntos vitales, el equilibrio y la estructura del cuerpo. Los brazos se tratan a menudo como un obstáculo temporal que debemos superar.

Controla Dos con Uno

Puesto que todos compartimos la misma anatomía, debemos buscar ventajas tácticas que nos ayuden a garantizar nuestro éxito y seguridad. Existen métodos que permiten al atacante utilizar una mano para cubrir o atrapar dos manos (yi fu er / 一伏二). Esto ha de explorarse a fondo, ya que utilizar una extremidad para inutilizar temporalmente dos suele permitir al practicante utilizar su mano libre sin más obstrucciones, de forma similar al beneficio obtenido al flanquear.

El principio de las tres puertas y los tres segmentos puede ayudar al desarrollo de esta habilidad. Un método fundamental para controlar dos con uno consiste en controlar una mano con la nuestra y, utilizando el antebrazo o el codo del mismo brazo, inmovilizar, bloquear o detener de otro modo el otro brazo.

El defensor detiene el brazo derecho del atacante con su muñeca derecha (1er segmento) y el brazo izquierdo con su codo derecho (2º segmento).

A la inversa, el defensor primero se defiende del puñetazo izquierdo del atacante con su codo derecho (2º segmento) y luego detiene el brazo derecho del atacante con su osae uke derecho (de los kata Seipai y Suparinpei).

En este ejemplo, el defensor aplica ura uke (bloqueo del dorso de la mano), y se desliza en profundidad para controlar la mano más lejana, controlando la mano izquierda del atacante con el 1er segmento mientras atrapa su brazo derecho entre sus costillas y codo (2º segmento) (del kata Kururunfa).

En este ejemplo del kata Seisan, el defensor se hunde en el atacante desde el exterior y luego lo "bombardea" con puñetazos y golpes de antebrazo.

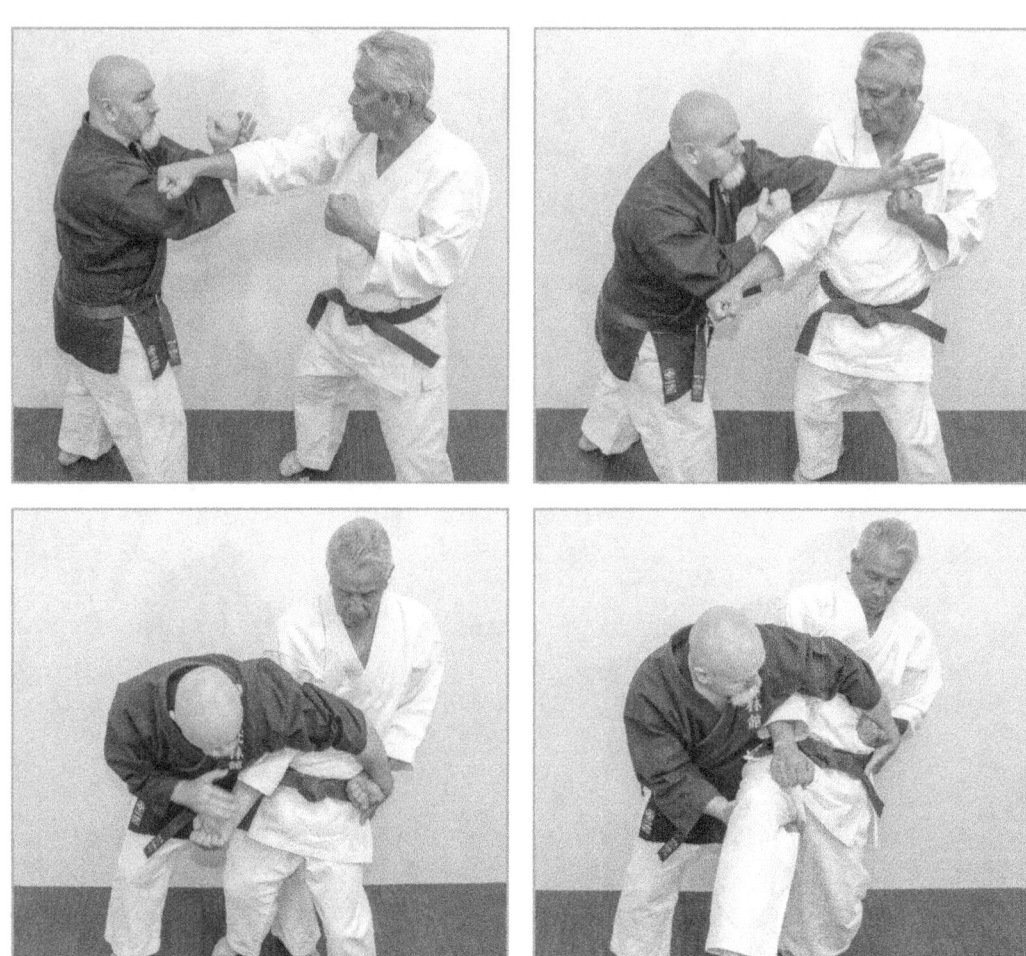

En este ejemplo, el defensor envuelve ambos brazos del atacante con un brazo, permitiendo que el otro brazo del defensor ejecute un derribo (del kata Seiunchin).

Cuidado con el Dos Sobre Uno

El defensor que controla dos de los brazos del atacante con uno de los suyos es un escenario óptimo en el que las probabilidades están claramente dos a uno a favor del defensor. En las tradiciones marciales sigue habiendo una serie de aplicaciones que requieren lo contrario… el uso de los dos brazos del defensor contra el del atacante, la mayoría de las cuales son formas de control dirigidas a derribar al atacante, o a bloquear o romper sus articulaciones.

Del mismo modo, no es del todo infrecuente que un atacante intente las mismas maniobras de dos contra uno contra el defensor. Analicemos brevemente ambos escenarios.

Defensor aplica maniobra de dos contra uno

Lo más importante que hay que recordar cuando se aplican técnicas que requieren dos puntos de contacto es que no todas requieren que en esos puntos de contacto se utilicen las dos manos. Teniendo en cuenta este recordatorio, junto con el principio de los tres segmentos, las aplicaciones de dos contra uno se deben considerar, modificar y entrenar para utilizar una de las siguientes opciones, siempre que sea posible:

1. **Una mano y un antebrazo** – dejando una mano libre para defender o golpear

2. **Dos antebrazos** – dejando ambas manos libres para defender o golpear

3. **Una mano o antebrazo y un punto de contacto en el torso, cuello, cadera o muslo** – dejando al menos una mano libre para defender o golpear

La técnica de la "palanca" en el kata Shisochin de Goju-ryu es un ejemplo evidente de la opción nº1. En lugar de utilizar ambas manos, Shisochin aplica el segundo segmento en lugar del primero. En lugar de utilizar ambas manos, Shisochin utiliza el segundo segmento en lugar del primero.

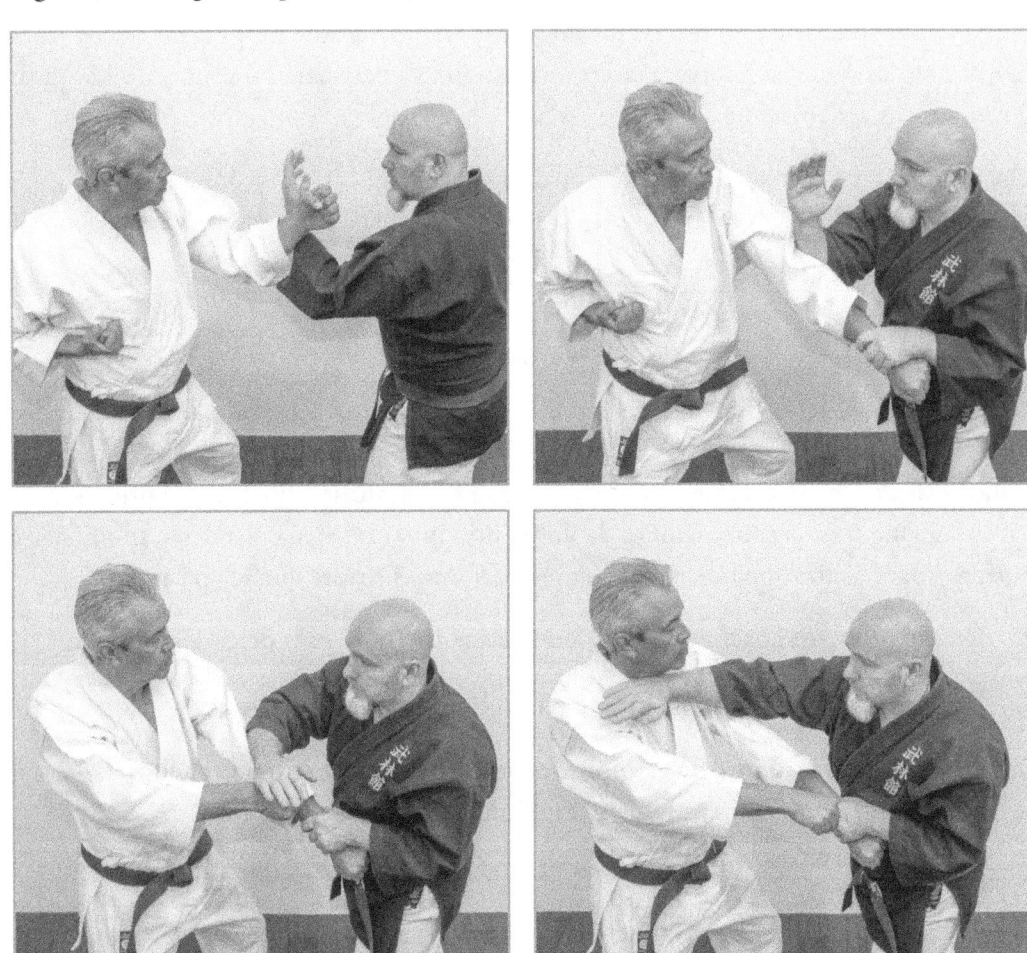

El método de palanca de brazo del defensor deja una mano libre para hacer frente a un ataque secundario.

Si el atacante se resiste a la palanca de brazo del defensor tirando del brazo de este (1er segmento) fuera de posición, el defensor rompe entonces el brazo del atacante sobre su pecho, y luego da un codazo (2º segmento) al atacante en la barbilla.

Además de utilizar la parte "exterior" del codo para ejercer presión, la parte interior de la articulación del codo puede utilizarse para "agarrar" o detener al adversario, dejando libres las manos del defensor.

Cómo Enfrentarse al Dos Contra Uno del Atacante

Existen situaciones en las que tu oponente puede oponer ambos brazos a uno de los tuyos, en un intento de sujetar, bloquear o romper la extremidad, tirarte al suelo o poner en peligro tu estructura o equilibrio o posición.

Si el adversario presenta tal situación, el defensor tiene dos opciones principales: **golpear** o **quitar**.

Opción A - Golpear

En este caso, es extremadamente importante golpear inmediatamente al atacante, preferiblemente en la cara o la cabeza. Si se hace con rapidez tendrá un alto grado de éxito, ya que están involucradas las manos del adversario y no pueden bloquear. Asimismo, si se realiza en el momento adecuado, se frustrará el intento del adversario de poner en peligro tu brazo "atrapado".

Si ambas manos del atacante están ocupadas, es probable que se quede abierto para un golpe directo.

En cuanto el defensor se da cuenta de que el atacante está utilizando ambos brazos para aplicar una inmovilización, un rompimiento o un derribo, puede defender la articulación del codo doblándola, embestir al atacante con el codo o el hombro y, a continuación, golpear la cara del atacante.

Opción B - Quitar

Si el atacante tiene dos manos sobre tu brazo, utiliza ambos puntos de contacto para empujar, mover o controlar tu equilibrio, y luego utiliza tu mano libre para despojarle de una de sus manos con el efecto de "dividir" su fuerza, eliminando su capacidad de triangular su presión.

El defensor se da cuenta de que el atacante está preparando una inmovilización o rotura, por lo que quita al atacante de la mano más alejada del hombro de su propio brazo agarrado. El defensor contraataca inmediatamente con un golpe y proyección (otra aplicación de la "palanca" del kata Shisochin, aplicada a la cabeza).

El defensor debe evitar intentar quitar la mano más cercana a su hombro al atacante, ya que eso puede dar al atacante la oportunidad de ejercer presión adicional y atrapar la extremidad una vez libre.

Mantener las Armas en Línea

Al igual que un jugador de billar ejecuta cada golpe para preparar el siguiente, en las artes marciales debemos intentar siempre dirigir el combate, de modo que cada acción prepare algún tipo de continuación útil.

Uno de los ejemplos más sencillos de este concepto se refiere a los movimientos fundamentales de bloqueo y recepción.

Por ejemplo, Chudan Soto Uke, aplicado a la posición exterior podría terminar en el mismo lugar en el que se realiza en la práctica en solitario. El practicante podría también utilizar los principios de extender las técnicas, y mantener las armas en línea, con el antebrazo apuntando a la cara del oponente con el puño preparado para dar un uppercut, a escasos centímetros de su objetivo, y preparándose para aplicar el principio del *arma más cercana, objetivo más cercano*.

A continuación ofrecemos varios ejemplos comunes:

 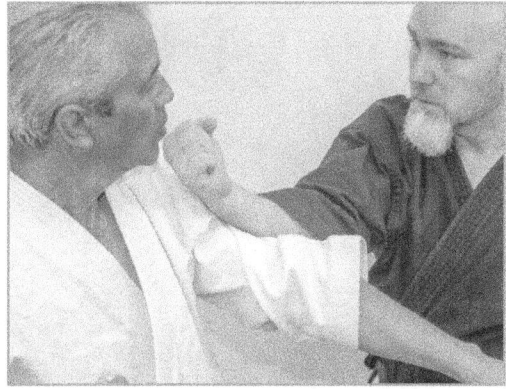

El bloqueo medio hacia adentro (chudan uchi uke) puede apuntar al final para convertirse en un uppercut...

... al igual que el bloqueo medio por fuera.

El Gedan harai (bloqueo barriendo a nivel bajo) funciona de forma similar... usando el cuerpo para rotar al oponente, se pone el antebrazo y el puño en línea con las costillas del oponente, lo que permite una transición suave del "bloqueo" al contragolpe directo desde la posición de bloqueo, sin llevar el puño al costado.

Gedan Uchi Uke (bloqueo bajo hacia dentro) puede dirigirse al centro del oponente para un contraataque rápido al bazo, hígado o costillas de la misma manera.

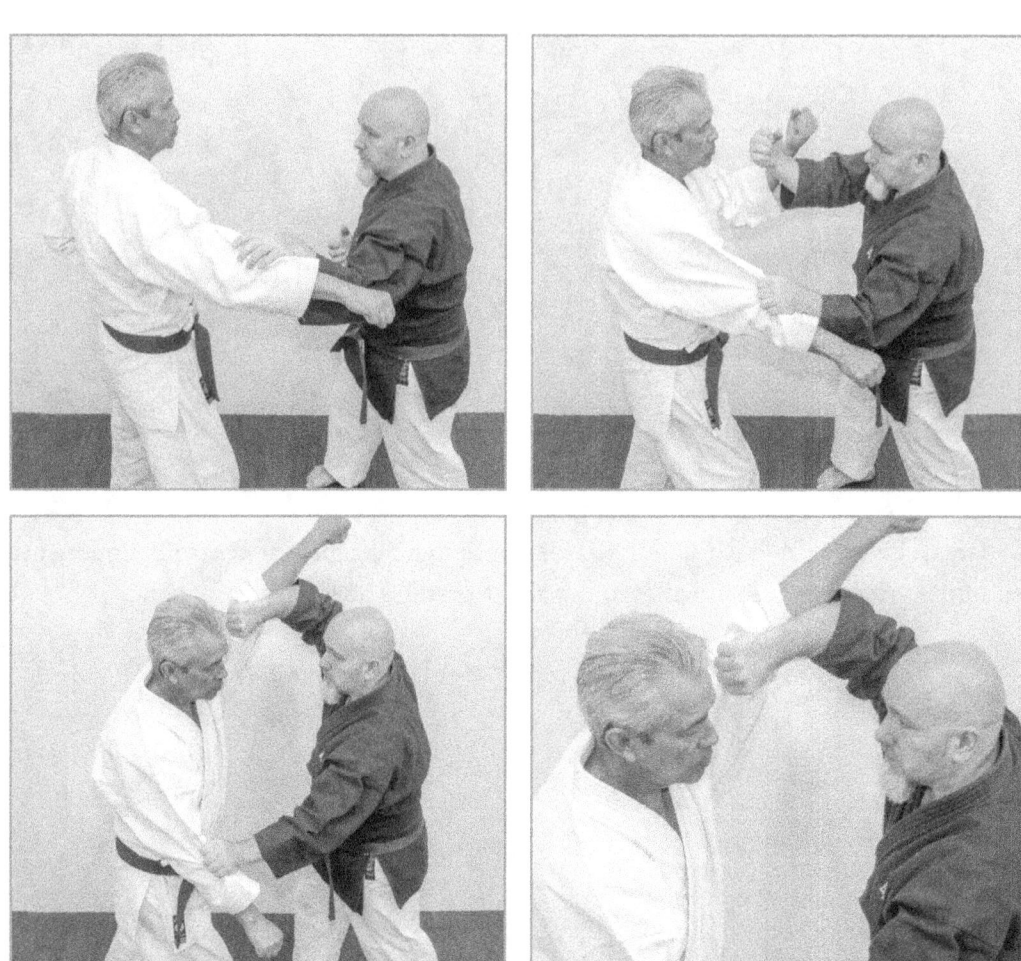

En la posición interior, el bloqueo alto puede dirigirse directamente a la cabeza o a la cara del atacante para un contraataque rápido (como en el kata Seipai o en la "postura del arquero" del kata Seiunchin).

Como se ha comentado en la sección sobre extender las técnicas, cada técnica tiene un límite útil en el que trabajar. Más allá de ese límite, es posible que el movimiento o la forma anatómica ya no permita la aplicación prevista. En esos casos, considera la posibilidad de cambiar el paso, la altura de apoyo, la rotación u otros factores posicionales para ejecutar una aplicación útil que siga beneficiándose del principio de "mantener el arma en línea".

Principios de puente/Palabras Clave

Al igual que el Goju-ryu, los estilos de artes marciales del sur de China son bien conocidos por sus sofisticados movimientos de brazos, hasta el punto de que en China se desarrolló un dicho para describir las especialidades de los estilos de gong-fu (kung-fu): "Puños del sur y patadas del norte" (南拳北腿). En los estilos del sur, los antebrazos se denominan "puentes" (橋), y el acto de aplicar técnicas con los brazos a los brazos del adversario se denomina "puentear", ya que (en efecto) conectan nuestro torso con el de nuestro atacante.

Los brazos se encuentran y crean un "puente" entre el defensor y el atacante.

Dado que estos estilos del sur de China se especializaron en técnicas de puentes, también desarrollaron numerosos principios, palabras clave que describen opciones o tácticas para hacer frente a las aplicaciones de puente contra puente. Como el defensor combate con la misma anatomía que el atacante, debe ser nuestra aplicación avanzada de principios en coordinación con nuestra herramientas corporales las que nos permitan apilar las probabilidades a nuestro favor.

Una comprensión clara de los métodos y las opciones para tender puentes nos ayuda a ser muy intencionados a la hora de enseñar y entrenar esas aplicaciones.

El Boxeo de los Cinco Ancestros (Ngo Cho Kun / 五祖拳) tiene un poema en cuatro partes sobre los métodos de puente, que mostramos a continuación:

橋法四訣	**Método del Puente, Cuatro Fórmulas**
過、有橋橋上過	**Cruzar** – Si hay un puente, crúzalo
添、無橋添作橋	**Crear** – Si no hay puente, crea uno
斷、見橋即斷橋	**Romper** – Cuando encuentres un puente, rómpelo
粘、粘橋不離橋	**Adherir** – Cuando te pegas a un puente, no te separas de él

Este poema describe un conjunto de cuatro principios de puente favorecidos por el estilo. A continuación los tratamos, junto con cuatro principios adicionales que son útiles en la codificación de casi todos los movimientos de puente para guiar el entrenamiento y la aplicación en ejercicios de construcción de habilidades.

Crear (添)

Empezamos con "crear", porque una de las premisas de un arte de combate cuerpo a cuerpo es la preferencia por luchar a una distancia que nos permita utilizar todas nuestras herramientas, incluidos los codos, los hombros, los cabezazos, etc. Debido a esto, necesitamos "cerrar la distancia" y movernos con seguridad desde fuera del alcance a nuestro alcance preferido.

Una estrategia para ayudar a cerrar la distancia es crear un puente con el brazo del oponente. Este puente nos permite "vigilar" el brazo mientras entramos en la distancia corta. En este sentido, estamos utilizando nuestro brazo de forma parecida a como utilizaría sus antenas un insecto... para alcanzar y tocar, para sentir y vigilar.

Es importante tener en cuenta que crear un puente no hace más que eso. No mueve, obstaculiza o hiere al atacante, simplemente crea un punto de contacto, permitiendo al defensor sentir, en lugar de ver, lo que está sucediendo en la zona de contacto con el miembro con el que interactúo. Cuando se hace algo más que vigilar el puente del atacante, se recurre a otros principios de punteo.

Hay que tener en cuenta que se crea un puente cada vez que los miembros entran en contacto, independientemente de la intención o la etiqueta que se atribuya a ese movimiento. Hay dos situaciones habituales en las que se crea un puente. El primero es cuando el practicante ataca y provoca el bloqueo del defensor. La segunda es cuando el practicante bloquea un ataque del oponente.

De nuevo, *crear un puente* no es lo mismo que bloquear; es *simplemente crear un puente*. La acción de "bloquear" sigue a la creación del puente, y está representada por otro principio de puente (mover), del que hablaremos en detalle en breve.

Razones comunes para Crear un Puente:

1. Para franquear la distancia mientras vigilo el puente/s del atacante/s

2. Para configurar la mayoría de las opciones de puente, lo que requiere el contacto (el desconectar, a continuación, es la excepción)

3. Para "fintar" y que el brazo del atacante se mueva a un lugar deseado, donde no esté cubriendo un objetivo deseado

Defensivamente, se *crea un puente* cada vez que el defensor bloquea/recibe un ataque.

Ofensivamente, se crea un puente cada vez que el atacante intercepta el ataque del defensor.

Desconectar (脫)

El principio del puente que representa más claramente lo contrario de crear es desconectar, que fomenta tácticas que nos obligan a liberar nuestro brazo del contacto con el de nuestro atacante.

Razones habituales para Desconectar de un Puente:

1. Pasar de un punto de contacto del cuerpo del oponente a otro

2. Como componente del principio de *transferir* que permite a nuestras armas "intercambiar papeles" y permitir un ataque flanqueando

3. Permitir que nuestro "lado fuerte" pase de un papel defensivo a uno ofensivo.

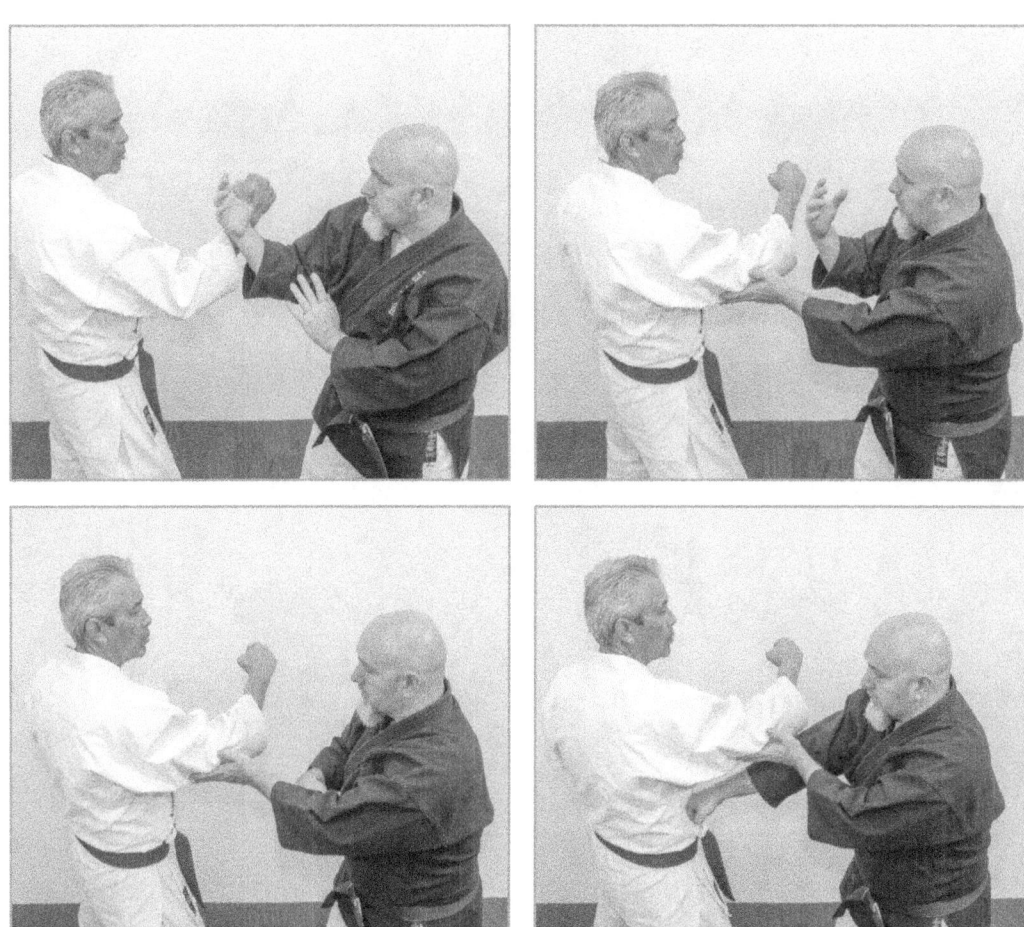

El defensor *levanta y detiene* el codo del atacante con su mano izquierda, *desenganchando* su mano derecha para golpear el hígado del atacante (de los kata Seisan/Suparinpei).

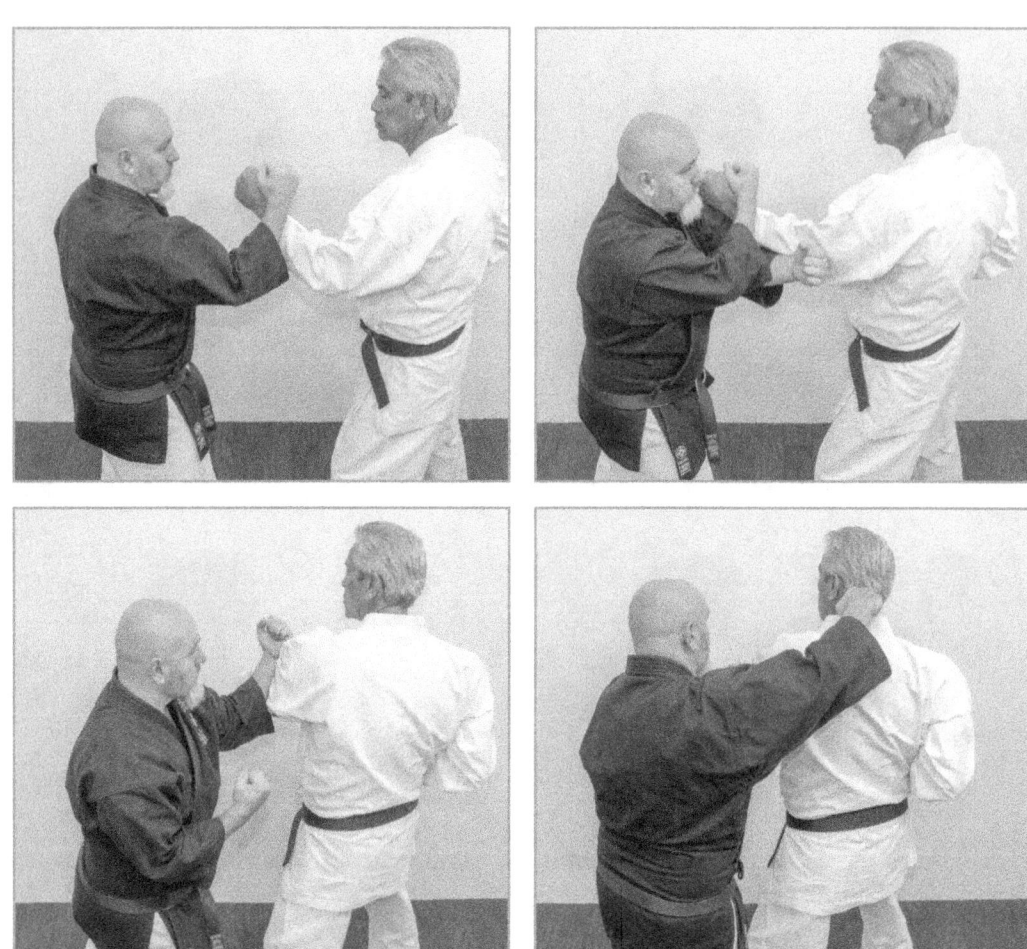

El defensor primero recibe el puñetazo del atacante con su mano derecha, y lo transfiere a la mano izquierda, *desengancha* su mano derecha para permitir un puñetazo circular de flanqueo a la región occipital del atacante.

Lo mismo puede hacerse al desengancharse pasando a un "agarre de bíceps" del brazo del atacante.

Mover (行)

Con los brazos conectados, podemos empujar y tirar de las extremidades del atacante, para defender un ataque, para apoyar maniobras tácticas específicamente relacionadas con el reposicionamiento de las extremidades, o para maniobrar indirectamente el torso, dada la conexión del brazo con este.

Razones habituales para Mover un Puente:

1. Desviar un ataque de su objetivo previsto ("bloquear", desviar, parar, redireccionar)

2. Para abrir un blanco para una maniobra de ataque

3. Preparar una proyección o contrarrestar una preparación para una proyección

4. Establecer una inmovilización o rotura o contrarrestar esto mismo

5. Como conexión con el torso que permite el movimiento del torso del atacante

    a. Empujar/Tirar/Girar

Todas los desvíos / paradas / redirecciones que impiden que un ataque encuentre un objetivo ejemplifican la palabra clave *mover*.

Los "bloqueos" se pueden usar para abrir zonas de la anatomía del atacante para el ataque. En este caso, un bloqueo cruzado se convierte en un bloqueo bajo para abrir el centro y que el defensor pueda moverse al interior, donde el bazo se convierte en un objetivo viable.

Sukui uke (bloqueo de cuchara) actúa para mover el brazo del atacante hacia abajo y hacia el frente del defensor, donde entonces se vuelve seguro trabajar con ambos brazos en los del atacante y romperle el codo.

En este ejemplo, el defensor ejerce presión hacia abajo sobre el brazo de golpeo del atacante para dejar la barbilla abierta a un contraataque.

Detener (拘 / 扣)

De forma similar a "mover", "detener" trata de afectar al atacante tomando el control de lo que su extremidad tiene "permitido" hacer. Al inmovilizar, sujetar u obstruir de algún otro modo el brazo del atacante en un lugar determinado, se le impide al atacante la oportunidad de recolocarlo, lo que hace posible atacar a un objetivo concreto sin que esa extremidad pueda atacar.

Razones habituales para Detener un Puente:

1. Para evitar que el puente del atacante defienda un objetivo

2. Impedir que el puente del atacante ataque o se desplace a una posición ventajosa para él

Podemos usar Kake uke (bloqueo de gancho) para mantener el codo en posición y evitar que el atacante pivote para defenderse de un ataque de flanqueo.

En este ejemplo, el kake uke lleva a un agarre de muñeca y tirón hacia abajo que impediría al atacante defender el ataque a la cara con su codo derecho.

La combinación de bloqueo cruzado y ura tsuki del defensor crea una "estructura" que lleva a atrapar el brazo izquierdo del atacante.

En algunas circunstancias podemos usar las costillas y el codo para detener el brazo del atacante, lo que permite contraatacar más fácilmente, agarrarlo, proyectarlo o romper alguna extremidad.

Recordatorio: Las *manos no persiguen a las manos* también es muy importante para la aplicación de detener, ya que el codo puede ser una herramienta útil para parar la extremidad del oponente, mientras la mano permanece libre para contrarrestar o defender.

Cruzar (過)

Desde el punto de vista del punteo, "cruzar" no se refiere a una forma de cruz (+), sino a seguir la línea de la extremidad hasta el torso, como se cruza un puente para viajar de una orilla a otra del río.

Cuando los miembros se unen en sus extremidades exteriores, muñeca con muñeca, podemos utilizar el propio miembro del atacante como guía. Este método de ir "a través" del puente nos permite encontrar un objetivo conocido (normalmente el cuello, la axila, las costillas, el bazo o el hígado) sin depender de la vista, así como mantener el contacto con esa extremidad mientras entramos.

Cruzar agresivamente el puente para atacar la cabeza o el cuerpo con la esperanza de prevenir el ataque secundario del atacante es una habilidad valiosa que entrenar cuando un practicante se encuentra en una situación *de auto flanqueo con la mano equivocada*, independientemente de la causa.

Razones comunes para Cruzar un Puente:

1. Recorrer con seguridad la "distancia" hacia una zona difícil de defender, manteniendo el contacto

2. Encontrar blancos sin poder ver

    a. El cuello se sitúa en la base del brazo (arriba)

    b. La axila está en la base del brazo (debajo)

Desde la posición de bloqueo interior a nivel alto, seguir la línea del brazo del atacante llevará al cuello.

El defensor cruza el puente por el interior con un golpe (de los kata Seisan/Suparinpei).

Cruzar el puente desde la posición baja lleva a la axila, las costillas, el bazo o el hígado.

En este ejemplo, el defensor cruza el puente alto hacia la cara, y el puente bajo hacia el hígado.

(de los kata Sanseiru/ Suparinpei).

Romper (斷)

Eliminar una o más extremidades del oponente del combate tiene importantes ventajas estratégicas, ya que un desarme literal casi garantiza la capacidad del defensor para contraatacar al atacante.

Romper muestra la siguiente estrategia:

> 舍本逐末
>
> "Ignora la raíz para ir a por las ramas."

Sin embargo, muchos rompimientos, en particular del codo, requieren múltiples puntos de contacto y a menudo dejan al defensor persiguiendo las manos. Por lo tanto, debemos realizar un estudio exhaustivo de las opciones de rotura que no requieren que el defensor emplee ambas manos con un solo brazo del atacante.

El uso de una postura con las *manos hacia delante*, como en la estructura de Sanchin, junto con alargar las técnicas y el uso extensivo de las *tres puertas y los tres segmentos* ayudarán al practicante a eludir algunos de estos peligros, especialmente cuando se combinan con estrategias de movimiento que utilizan la posición *solapada* (ver *flanqueo y mano adecuada*).

Cuando rompemos el puente, consideramos todas estas opciones como objetivos: dedos, muñeca, codo y hombro.

Razones comunes para Romper un Puente:

1. Para incapacitar una de las extremidades del atacante

2. Hacernos con la mente del atacante, a través del dolor (interrumpiendo el bucle OODA)

3. Para poder cerrar la distancia e ir a la distancia corta con seguridad

Kake-uke aplicado como agarre y rotura de dedos.

La combinación de codo hacia arriba y bloqueo que presiona puede ofrecer un encuentro agresivo frente a un puñetazo entrante (del kata Shisochin).

Un bloqueo bajo exterior puede convertirse en una rotura de codo (otra expresión de la estructura de "Sanchin").

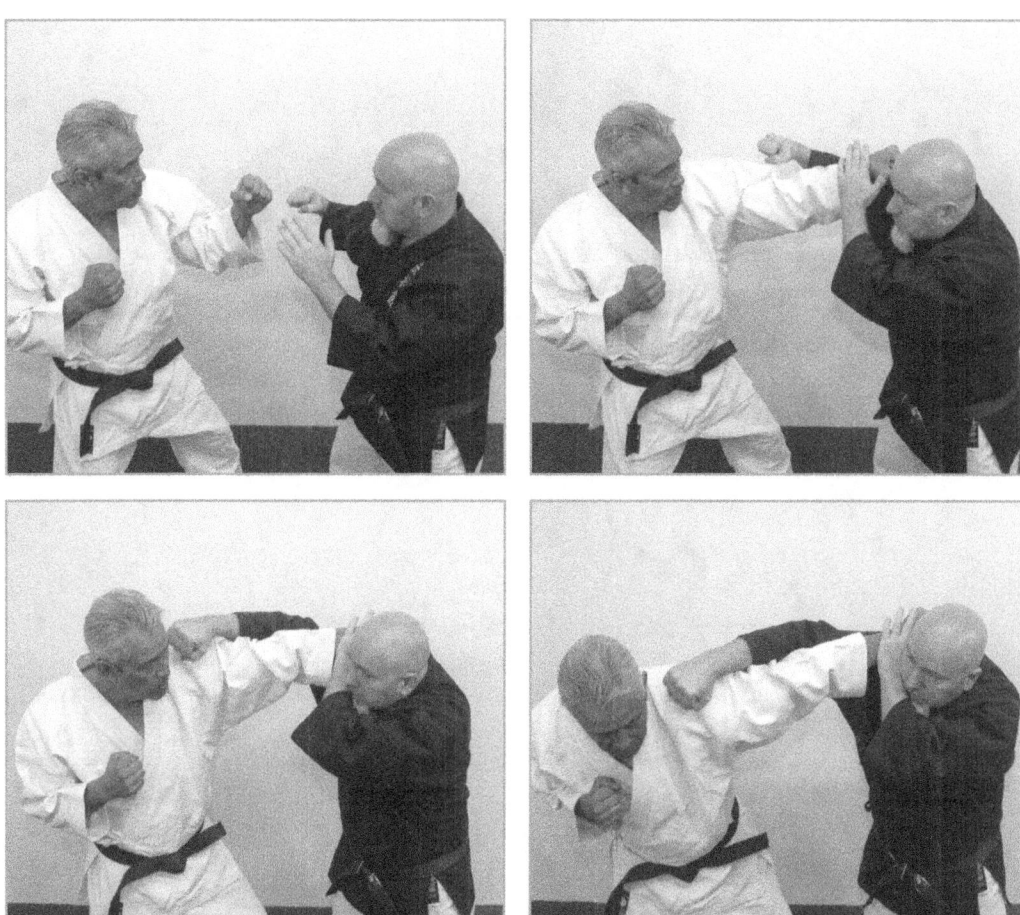

Podemos envolver un puñetazo recto entrante desde la posición de "cabeza dentro, solapada" para romper el codo (otra expresión de los kata Seisan/Suparinpei).

Si falla la rotura de codo exterior porque el atacante deja caer el codo, el defensor puede cambiar el ángulo para atacar y separar el hombro.

(una expresión del codo hacia arriba de los kata Shisochin o Kururunfa).

Adherir (粘)

Adherirse a los puentes del adversario es una especialidad de algunas artes marciales del sur de China, como Mantis del Sur y Wing Chun. Adherirse podría considerarse la versión pasiva de *mover... y mover un puente* sería una acción activa (agresiva) por parte del defensor. Adherirse a un puente es pasivo, simplemente seguir el movimiento del atacante. Debido a la pasividad del *adherirse*, comparada con la naturaleza agresiva del moverse, raramente se usa un período de tiempo significativo. *Adherir* se utiliza más a menudo junto con el mover.

Razones Comunes para Adherirse a un Puente:

1. Para controlar activamente a corta distancia lo que ocurre con el cuerpo de un atacante sin tener que "ver"

2. Esperar brevemente una mejor oportunidad o posición; por ejemplo, un ángulo del codo del atacante para aprovecharlo.

El defensor retrocede y envuelve el ataque al cuerpo. El defensor se pega al brazo del atacante mientras éste vuelve a golpear a la cabeza, agachándose mientras se pega para mantener el contacto. Una vez fuera, en el flanco, el defensor da un codazo al atacante. Alternativamente, o además, el defensor puede realizar un derribo desde la posición de flanco.

El defensor recibe el puñetazo del atacante con su brazo derecho, y mientras recibe el segundo puñetazo, se *pega* al brazo que se retira hasta que el defensor puede *detener* el brazo del atacante contra su cuerpo, desequilibrándolo y permitiendo que la palma del defensor a la cara encuentre el objetivo.

Transferir (換)

Hay ocasiones en las que tomamos contacto con un atacante usando un brazo que luego necesitamos liberar para realizar otra acción; sin embargo, no nos sentimos cómodos rompiendo el contacto y *desconectándonos* porque podríamos ser atacados por la extremidad con la que perdemos el contacto.

En ese caso, podemos querer mantener el contacto transfiriendo el contacto de uno de nuestros puentes al otro, *creando* un puente con un nuevo brazo, desconectando con el brazo original. Esta combinación de *creación* y *desacoplamiento* por dos brazos se define entonces como un intercambio o *transferencia*.

En muchos estilos, incluido el Goju-ryu, muchas de las llamadas maniobras de "bloqueo" o recepción se realizan con ambas manos, y los practicantes se refieren a ello de diversas maneras:

- "Bloqueo, Chequeo"
- "Bloqueo, Atrape"
- "Esquiva, Pase"
- "Mano secundaria, Mano primaria"
- "Bloqueo, Control"

Comprendiendo plenamente los principios de puente, está claro que el acto de "bloquear" a dos manos es una actividad compuesta de cuatro partes que incluye una acción de transferencia:

1. Mano Primaria – **Crear** puente para encontrarse con el miembro atacante.

2. Mano Primaria – **Mover** el puente para garantizar la seguridad del defensor (el "bloqueo" o "redirección" real").

3. Mano secundaria – **Crear** puente para ocupar el lugar de la mano primaria.

4. Mano Primaria – **Desconectar** de la extremidad atacante para reposicionarse para la siguiente maniobra.

En este ejemplo, la acción de transferencia es la combinación de los pasos 3 y 4, y también vale la pena destacar aquí que la transferencia por sí sola no implica ninguna forma específica **adicional** de control.

Teniendo esto en cuenta, puede ser útil revisar la lista anterior de descripciones de la maniobra de bloqueo en dos partes desde la perspectiva de los principios de puenteo, y considerar lo que podrían implicar:

- "Bloquear, Chequear" y "Bloquear, Atrapar" ambos parecen referirse al principio *detener* de puenteo, que es una forma opcional de control que puede aplicarse una vez completada la *transferencia*. Sin embargo, <u>dado que detener es una forma opcional de control, no está presente en todos los escenarios de bloqueo</u>.
- "Esquiva, Pase" parece implicar *mover* el puente después de la *transferencia* o simplemente describe el movimiento de la mano "primaria" (ver paso 2 arriba).
- "Mano secundaria, Mano primaria" parece referirse al *rol* del brazo en el acto de bloquear (el componente *mover* de la acción), en el que la mano primaria/primera defiende el ataque, mientras que la mano secundaria tiene un papel que no tiene que ver con la defensa.
- "Bloqueo, control" es preciso sólo si la nueva mano puente ("secundaria" en el ejemplo) hace posteriormente algo más para **controlar** al atacante, como *mover o detener*.

Una vez más, dado que la *transferencia*, por sí sola, es una forma de *reposicionamiento*, y NO una forma de control, la *transferencia* suele ir seguida de una acción que recurre a un principio de puente adicional, típicamente *mover* (para romper el equilibrio), *desplazar* (pasar por encima/debajo para cambiar de posición) o *detener* (para evitar que interrumpa nuestro siguiente movimiento con la mano primaria ahora libre).

Razones habituales para Transferir un Puente:
1. Permitir que un brazo "flanquee" completamente al atacante
2. Pasar de la puerta interior a la exterior o viceversa
3. Para liberar tu brazo más "potente" para un golpe final

Las siguientes imágenes ilustran el uso típico del bloqueo/recepción a dos manos con fines de flanqueo:

1) Crear puente (mano izquierda).   2) Mover puente (mano izquierda).

3) Crear puente (mano derecha).   4) Desconectar puente (mano izquierda).

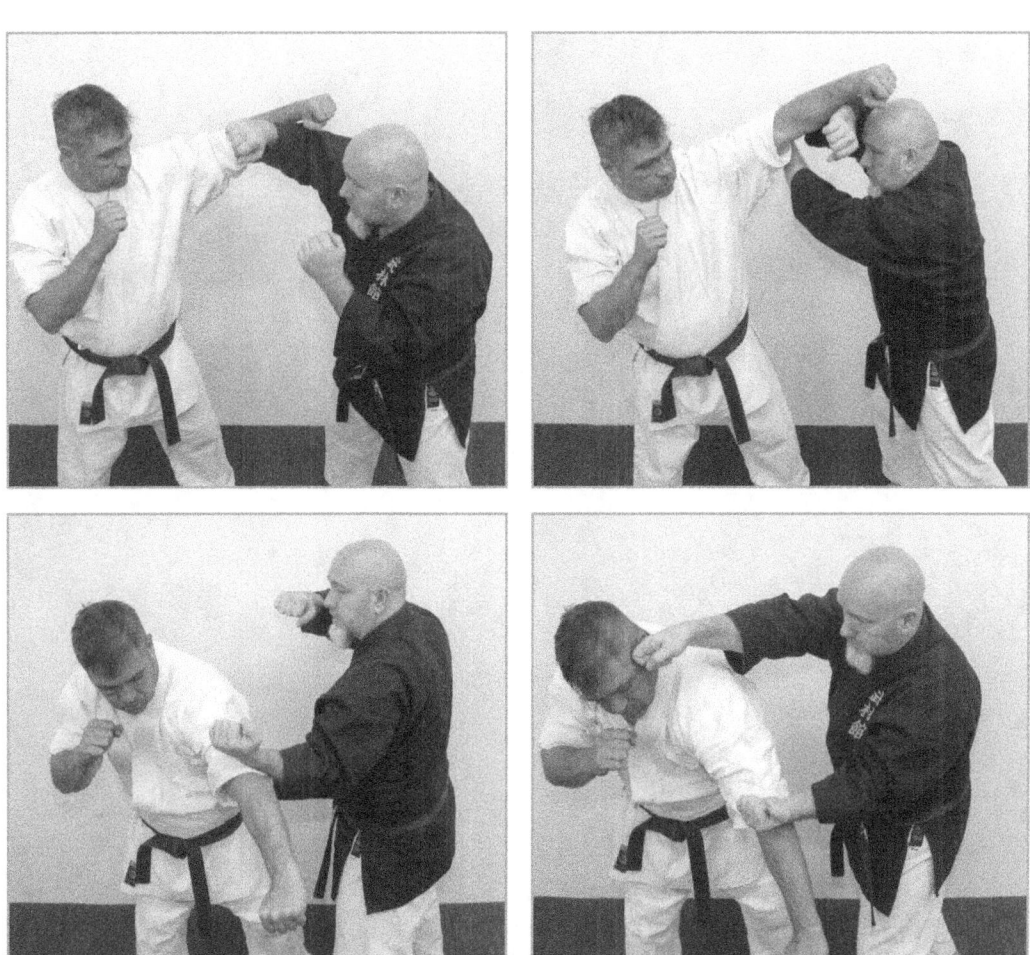

El defensor recibe el golpe de gancho del atacante, lo pasa por encima de su cabeza y lo transfiere a su mano izquierda para permitir un contragolpe de flanqueo.

El puñetazo del defensor es bloqueado y libera su brazo derecho transfiriendo el bloqueo del atacante a su mano izquierda. Esto libera la mano derecha del defensor para enfrentarse al puñetazo izquierdo del atacante y contraatacar.

Resumen

Es útil tener en cuenta que los principios de puenteo suelen ser del tipo "palabra clave", en el sentido de que no suelen explicar exactamente "cómo" realizar la tarea, sino simplemente que la opción está disponible y debe comprenderse y estudiarse más a fondo.

Un examen somero de las ocho palabras clave de puenteo ayuda a aclarar si cada opción admite diversos métodos de control y cómo lo hace:

Palabra clave	Método de Control
Crear	(ninguno)
Desconectar	(ninguno)
Mover	SÍ (controlando postura y equilibrio)
Detener	SÍ (controlando postura y equilibrio)
Cruzar	(ninguno)
Romper	SÍ (rompiendo la estructura)
Adherirse	(ninguno)
Transferir	(ninguno)

Resumen del capítulo

En el capítulo 4, hemos tratado varios principios relacionados con las herramientas principales de una persona, sus brazos (o "puentes"). En primer lugar, hemos hablado de las opciones defensivas (tres puertas) y ofensivas (tres segmentos) adicionales que se consiguen utilizando mejor todas las capacidades de los brazos y, a continuación, hemos incluido una insólita advertencia contra que "las manos que persiguen a las manos" como recordatorio de que el antebrazo o el codo a menudo pueden asumir el papel que antes ocupaban nuestras manos, densas en nervios.

También cubrimos una de las muchas tácticas que asisten a este enfoque: La capacidad de apilar las probabilidades a favor del defensor controlando dos de las extremidades del atacante con un brazo. Además, cubrimos cómo aplicar con mayor seguridad nuestros dos brazos contra uno de los de nuestro atacante, y cómo beneficiarnos de un atacante que hace lo mismo.

Asimismo, demostramos cómo *expandir las técnicas* mantiene nuestras herramientas apuntando a un objetivo (*mantener las armas en línea*), y apoya varios principios fundamentales, como *arma más cercana/objetivo más próximo, continuar hacia delante*, etc.

Por último, *identificamos y demostramos* los ocho principales principios de puenteo: *Crear, desconectar, mover, detener, cruzar, romper, adherir*, y el principio combinado con muchos apodos confusos...*transferir*.

5

Gong (La Potencia)

El capítulo 5 trata de los principios relacionados con la potencia, palanca, estructura corporal y la energía.

Las técnicas, aunque se combinen con estrategia, no garantizarán el éxito si el practicante no tiene la sensibilidad necesaria para comprender las fuerzas que se aplican sobre él, y si no tiene la capacidad de utilizar su cuerpo para generar la fuerza marcial aplicada necesaria para la situación.

出手用四面之力，急去速來，猶猛虎搶豬之勢，或擒或送，無異靈貓捕鼠

之形、偵其舉動，奪其氣力。

Las técnicas de mano requieren el uso del cuerpo. El cuerpo genera la fuerza y las manos sirven como instrumentos de contacto.
Como un gato que atrapa una rata, un tigre derriba un jabalí con su cuerpo; las garras sirven de medio de contacto.

– *General Tian Bubishi* (琉球武備志)

Traducción de Hanshi Patrick McCarthy.

Lucha con el Cuerpo Unificado

Dado que tanto el defensor como el atacante acuden al combate con las mismas herramientas anatómicas humanas, debe ser nuestro cerebro, nuestro uso, nuestra aplicación *avanzada* de estas herramientas lo que marque la diferencia y nos ayude a imperar. Otra forma de *apilar* las probabilidades a nuestro favor es asegurarnos, siempre que sea posible, de usar gran parte de nuestro cuerpo, nuestra estructura unificada, contra los componentes más débiles y aislados del cuerpo del atacante.

Consideremos el problema de una persona que empuja algo pesado, como un coche. Un coche pesa mucho y el cuerpo humano no está preparado para esta tarea. El simple hecho de mantenerse de pie y empujar con los brazos es insuficiente por varias razones:

1. Estar erguido no alinea la estructura humana en la dirección de la fuerza necesaria, y

2. La fuerza del brazo es significativamente menor que la necesaria para empujar un coche parado

Sin embargo, cuando se emplea una postura baja que redirige la fuerza en ángulo, y los brazos están pegados al cuerpo, entonces se involucra la fuerza de los músculos más grandes de las piernas, y logramos lo que no era posible antes de aplicar el conocimiento de los *principios* de la geometría y palanca.

Consideremos que golpear a un atacante, empujarlo o lidiar con la fuerza bruta de un ataque es un problema notablemente similar. En los escenarios de defensa personal, es razonable suponer que (por término medio) un atacante sólo se cebará con las víctimas que perciba más débiles. *Amontonar las probabilidades* a favor del defensor es lo que hace posible que una persona con atributos físicos menos impresionantes tenga la oportunidad de triunfar contra un oponente más fuerte.

Muchas tradiciones marciales hablan de este objetivo de combinar, unificar y coordinar el poder del cuerpo humano en referencia al desarrollo de la fuerza explosiva del golpe:

- Fuerzas de las articulaciones coordinadas (chinkuchi / チンクチ) en karate de Okinawa
- Potencia en cinco partes (ngo ki lat / 五肢力) en Ngo Cho Kun
- Seis potencias (luk ging / 六勁) en Pak Mei
- Ocho duros y Doce blandos (ba gang, shi er rou / 八剛十二柔) en Grulla Blanca
- Seis Armonías (liu he / 六合), en muchos estilos de artes marciales chinas

Mientras que es bastante común discutir, entrenar y aplicar esta unificación de potencia de manera balística para propósitos de golpeo, es menos común un estudio de cómo utilizar esta unificación en acciones de agarre o bloqueo/recepción/puenteo, donde es igualmente útil.

La aplicación de la fuerza corporal *unificada* puede ayudar a empujar, tirar y girar a los adversarios para realizar maniobras de agarre y lanzamiento, así como a generar la fuerza necesaria para desgarrar tendones y ligamentos con el fin de dislocar muñecas, codos y hombros de adversarios más fuertes.

Grappling

En el grappling, uno acopla las extremidades del atacante a nuestro cuerpo y mueve su cuerpo para controlar al adversario. El grappling no debe limitarse a enfrentar fuerza de brazos contra fuerza de brazos.

Una palanca desconectada del cuerpo del defensor ofrece poco control.

Se puede aplicar un bloqueo o rompimiento más potente cuando el defensor acerca los brazos mientras cierra la musculatura del dorsal, y luego gira el cuerpo.

Cuando la potencia del cuerpo del defensor se unifica contra el brazo aislado del atacante, la diferencia de potencia y palanca favorece al defensor.

Las mismas situaciones pueden darse en la línea baja (de los kata Saifa, Seisan, Kururunfa o Suparinpei).

Para obtener el máximo efecto de palanca, el defensor puede tener que "bloquear" el brazo hacia abajo y utilizar el movimiento del cuerpo para desplazar al atacante desde una posición fuerte.

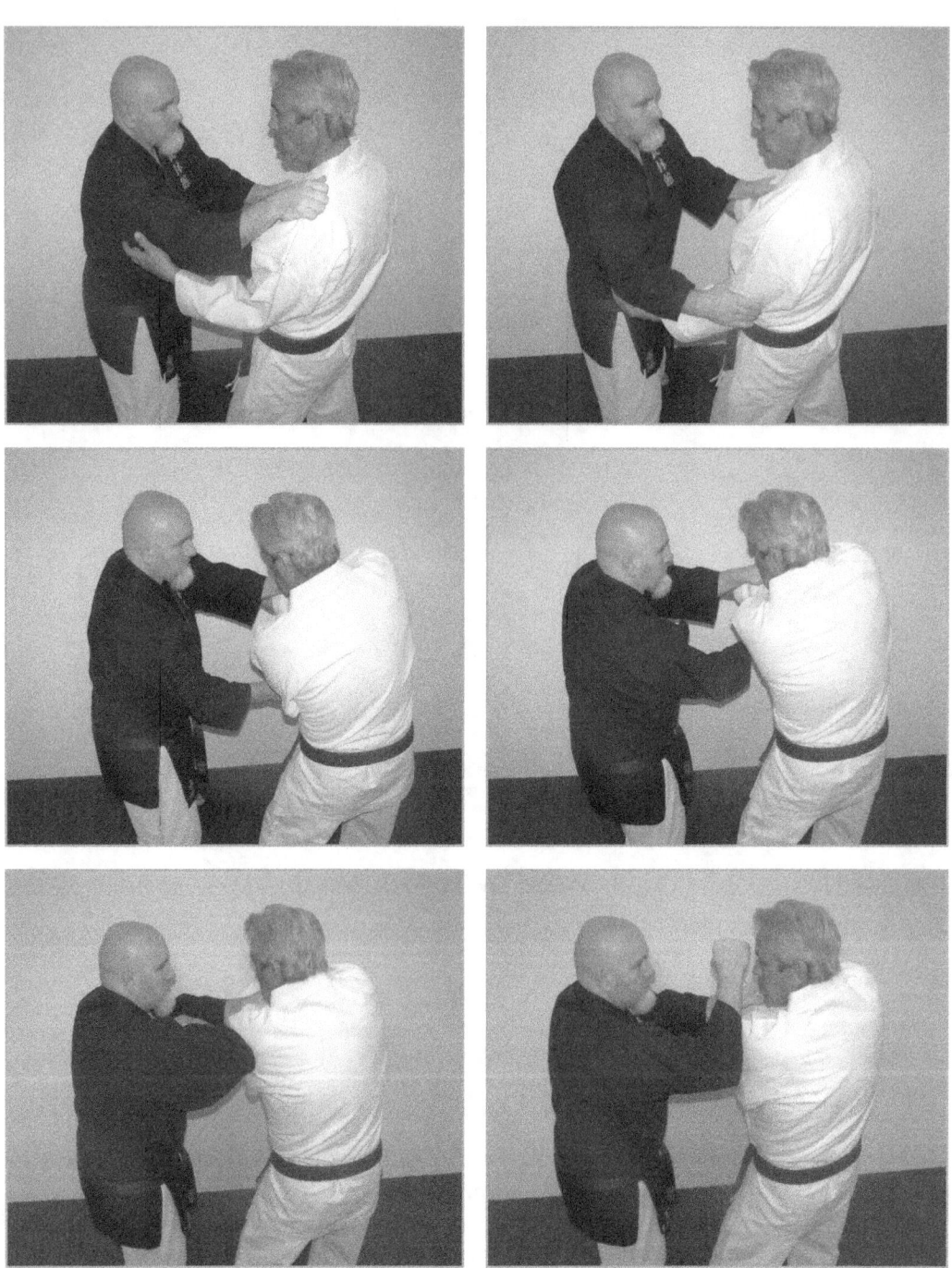

En este ejemplo, el defensor unifica la estructura de su brazo derecho, pasando el brazo del atacante hacia abajo y al frente utilizando los músculos abdominales. A continuación, el defensor pasa el control del hombro del atacante a su codo derecho (2º segmento) para permitir un ataque a la cara con el 1er segmento.

Bloqueando/Recibiendo/Puenteando Acciones

Las acciones de puente que incorporan mover también se benefician de unificar los brazos con el cuerpo y mover el puente del atacante con la fuerza de los grupos musculares de la espalda y las piernas, más grandes.

Empujar utilizando sólo el tríceps es probable que no consiga mover al atacante.

Cuando el defensor "bloquea" el brazo en su sitio y empuja con el cuerpo unificado, la postura y el equilibrio del atacante pueden verse comprometidos.

Al tirar o girar al atacante, el concepto es el mismo... las manos crean la conexión, pero el cuerpo se unifica para girar o tirar.

Fuerte vs Débil

En un estudio detallado del *puenteo*, podemos examinar la estructura del brazo y ver que la parte superior es más fuerte, pero menos móvil, mientras que la parte inferior tiene más movilidad, pero menos fuerza.

La parte superior del brazo es "más fuerte" porque el brazo funciona como una palanca de tercera clase, una máquina clásica. La parte superior del brazo está más cerca del punto de apoyo (la articulación) y, por tanto, puede soportar una carga más pesada. Por el contrario, la parte inferior está más alejada del punto de apoyo y, por tanto, no puede soportar una carga equivalente sin ayuda.

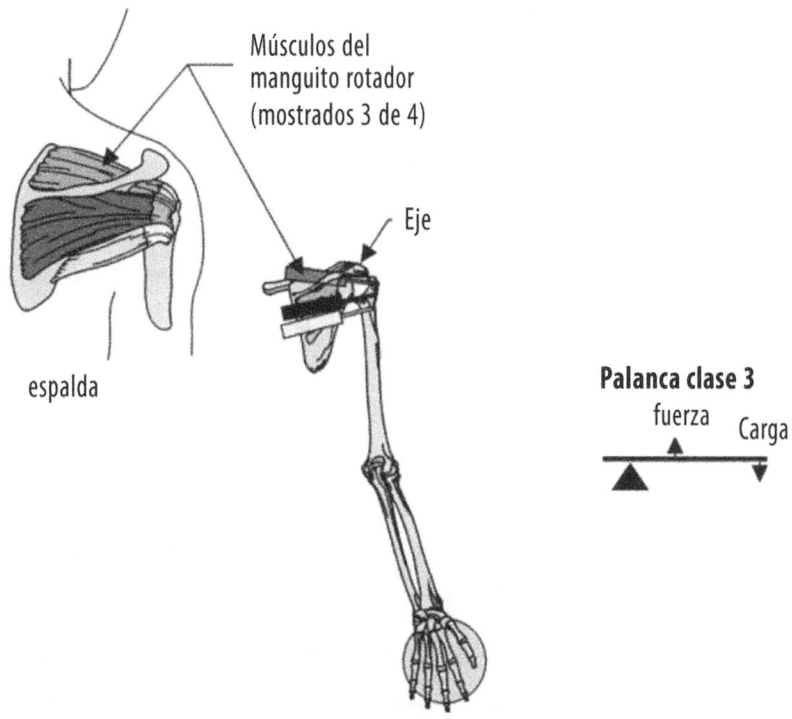

El hombro es una palanca de tercera clase, como el codo.

Es importante recordar que la parte de nuestro brazo (o del brazo de nuestro oponente) más cercana al hombro es fuerte, mientras que la parte del brazo más alejada de este es débil. Podemos referirnos al principio de fuerte vs débil como como recordatorio de cómo garantizar que nuestras aplicaciones de puenteo aprovechen al máximo el efecto de palanca.

Al puentear, es importante entender (y, en última instancia, sentir) si estás en una posición débil o fuerte que sea beneficiosa para la aplicación prevista en función de factores tanto de fuerza como de movilidad.

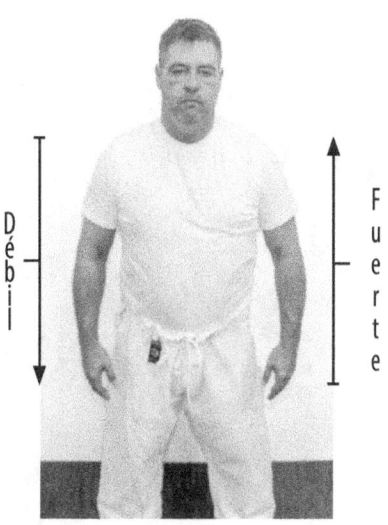

Recuerda que, al puentear, es posible cualquier número de combinaciones de contacto:

1. Débil del defensor a débil del atacante
2. Débil del defensor a fuerte del atacante
3. Fuerte del defensor a débil del atacante
4. Fuerte del defensor a fuerte del atacante

Recordemos que fuerte suele equivaler a menos móvil y débil a más móvil. Al analizar las aplicaciones en términos de débil o fuerte, también debe tenerse en cuenta la movilidad.

Algunas reglas generales son:

1. Cuando te enfrentes a un rival fuerte, aplica tu fuerza rápidamente antes de que se retire o se mueva a un lugar mejor.
2. Cuando estás en un débil con un fuerte, es probable tengas menos fuerza y palanca, así que retírate, cruza o muévete rápidamente.

Para discutir algunos ejemplos específicos de fuerte frente a débil, considera además que la parte superior del brazo tiene una sección que está más cerca del hombro. Podría considerarse el fuerte de los fuertes. La parte superior del brazo también tiene una sección más alejada del hombro, cerca del codo. Se puede considerar lo débil de lo fuerte.

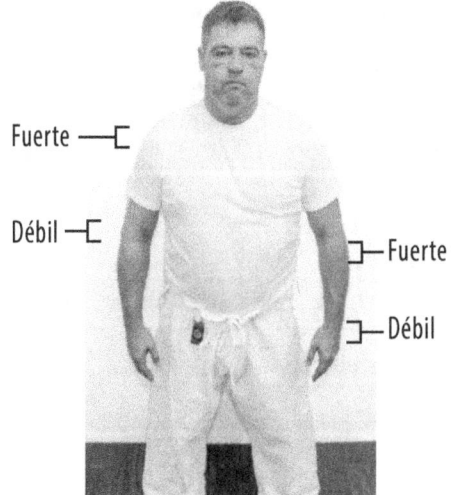

La misma consideración puede aplicarse a la parte inferior del brazo... la zona del antebrazo cerca del codo puede considerarse el fuerte de lo débil, y la muñeca, lo débil de lo débil.

Cuatro puntos de contacto principales:

1. Fuerte de lo fuerte
2. Débil de lo fuerte
3. Fuerte de lo débil y
4. Débil de lo débil

Si creamos una escala relativa de palanca (de 1 a 100) para los cuatro puntos de contacto principales, puede parecerse a la siguiente imagen:

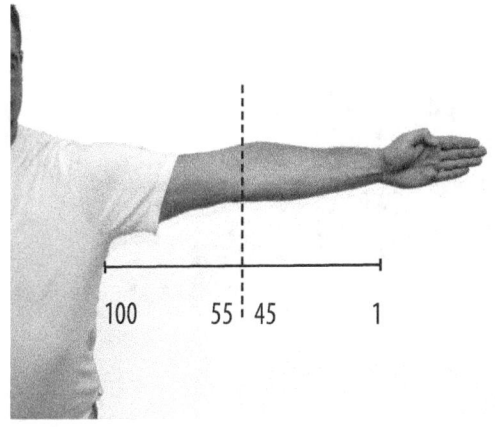

1. Palanca 100 – Fuerte de lo Fuerte (hombro)

2. Palanca 55 – Débil de lo Fuerte (justo encima del codo)

3. Palanca 45 – Fuerte de lo Débil (justo bajo el codo)

4. Palanca 1 – Débil de lo Débil (muñeca)

Obsérvese la relativa proximidad en la ubicación, y por tanto en el efecto de palanca, de los puntos de contacto fuerte del *débil* y *débil* del fuerte. Mientras que el situado justo encima del codo es ligeramente más fuerte que el situado debajo del codo, el situado debajo del codo es significativamente más móvil debido a su proximidad a la articulación del codo. El punto *fuerte* del *débil* es casi tan *fuerte* como el situado por encima del codo, pero también es capaz de cambiar de dirección/ángulo de energía mucho más rápidamente y con menos necesidad de mover todo el cuerpo.

Normalmente, la aplicación de fuerte sobre débil implica que el defensor aplique su *fuerte*, más móvil, del *débil* (palanca 45) contra el *débil* del *fuerte* del atacante (palanca 55).

Esto puede sonar inicialmente como una estrategia perdedora; sin embargo, el defensor puede continuar apilando las probabilidades a su favor aplicando un cuerpo unificado y los tres segmentos además de la palanca, lo que puede reforzar fácilmente contra la pequeña diferencia relativa en la palanca por sí sola.

El bloqueo alto, cuando se aplica al "fuerte de los débiles" contra el "débil de los fuertes", suele tener suficiente palanca para ser eficaz.

Esta posición también permite desplazarse más alto o bajo, en función de la altura, el ángulo y la energía específicos del atacante.

Aplicando el bloqueo alto, muñeca ("débil del débil") contra codo ("débil del fuerte"), con una palanca relativa de 1 contra 55, el atacante suele dominar al defensor.

Lo mismo ocurre cuando se reciben ataques en la línea media. Cuando se aplica el "fuerte del débil" contra el "débil del fuerte", suele haber suficiente palanca para ser eficaz y la movilidad necesaria para adaptarse a los cambios normales de altura, ángulo y presión.

Al igual que en el bloqueo a nivel alto, aplicarlo a nivel medio sin tener en cuenta "fuerte vs débil" (1 vs 55) puede llevar a que el oponente te supere fácilmente.

Cuando se aplica *fuerte contra débil*, el defensor puede aplicar más fácilmente un control adicional desequilibrando a un oponente o sofocando sus continuos ataques.

Un defensor que aplica el bloqueo bajo pensando en fuerte vs débil tiene más posibilidades de éxito a la hora de rotar al atacante y llevar su golpe en línea.

Del mismo modo, un defensor que no aplique la palanca adecuada puede ser contrarrestado más fácilmente por un atacante.

Atacar la Postura y/o el Equilibrio del Adversario

Como se ha explicado brevemente en la sección "Formas de control" del capítulo 2, alterar la postura y el equilibrio del adversario puede ser una forma de control muy beneficiosa, por varias razones:

1. Puede interrumpir el bucle OODA del atacante (véase la sección "Timing" del capítulo 3).

2. Puede interrumpir su capacidad de lanzar ataques adicionales con potencia sobre el objetivo.

3. Puede crear aperturas que el defensor puede aprovechar.

4. Comienza el proceso de desequilibrar a un oponente, que es ignorado tan fácilmente como el dolor.

Mientras que muchas de las formas de control pueden considerarse como una preferencia singular para poner fin a un altercado, podemos considerar *atacar la postura/equilibrio del oponente* como la "sal", en el sentido de que mientras la sal generalmente hace que la mayoría de los alimentos sepan "mejor", *atacar la postura/ equilibrio del oponente* es algo que puede aumentar la eficacia **de casi todos los movimientos** del defensor y que conecten con el atacante, ya sea bloquear, recibir, agarrar o golpear.

Hay dos enfoques primarios comunes para *atacar eficazmente la postura/equilibrio del oponente*: 1) Buscar el centro del atacante, y 2) Aplicar una o más de las cuatro energías direccionales primarias de las artes marciales del sur de China (*hundir, flotar, escupir, tragar*).

Buscar el Centro

Tanto si se ataca con un golpe como con un empuje o tracción, es importante buscar el centro de masa del oponente, normalmente representado por su columna vertebral.

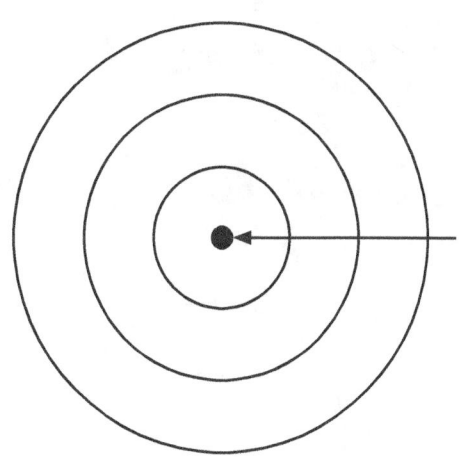

Un golpe o empujón dirigido directamente al centro del atacante tiene más probabilidades de transmitir la máxima energía al objetivo.

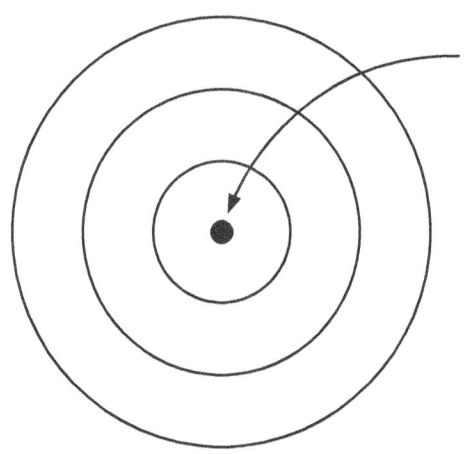

Un ataque circular o indirecto puede lograr la máxima penetración en el objetivo si el punto de mira se sitúa en el centro de masa del atacante.

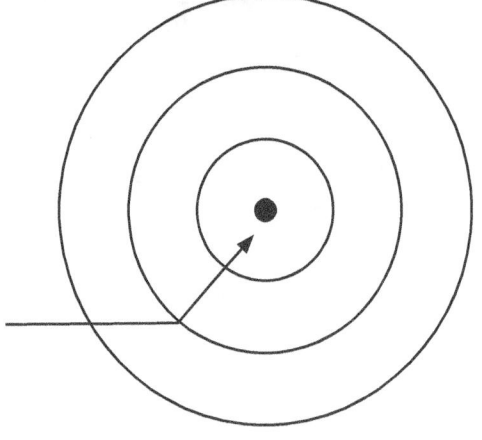

Los brazos del atacante conectan con su centro, y, como resultado, el defensor los puede usar para transferir energía al atacante.

Un golpe o un empujón cuya fuerza o ángulo no se dirija al centro de masa proporcionará probablemente menos energía directamente al objetivo, ya que la rotación tanto intencionada como no intencionada causada por el atacante o el defensor reduce los efectos de esa potencia sobre el atacante. La pérdida de energía suele hacer que el atacante gire, con lo que la valiosa energía de penetración salta como una piedra sobre la superficie de un estanque y, en el peor de los casos, aumenta la potencia del ataque entrante del atacante.

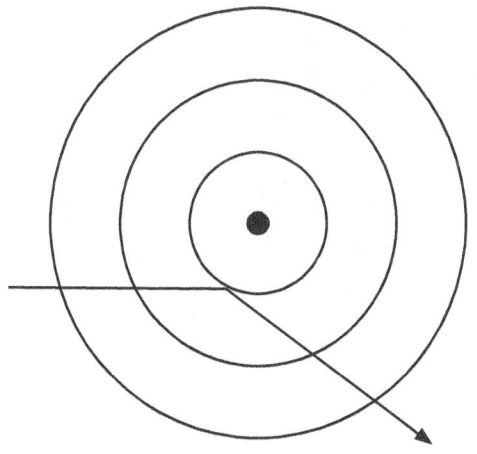

La energía penetrante se pierde porque una parte de la ella hace girar al atacante.

Al igual que los golpes, los bloqueos que también buscan alterar la postura o el equilibrio del atacante tienen más probabilidades de éxito cuando se dirigen al centro del atacante.

Si el atacante gira mientras el defensor está intentando aplicar presión a su centro, el defensor puede utilizar el codo (2º segmento) para readquirir y trastocar el centro.

Cuando esta presión no se dirige al centro, el atacante puede girar y contraatacar más fácilmente, como se muestra en este ejemplo:

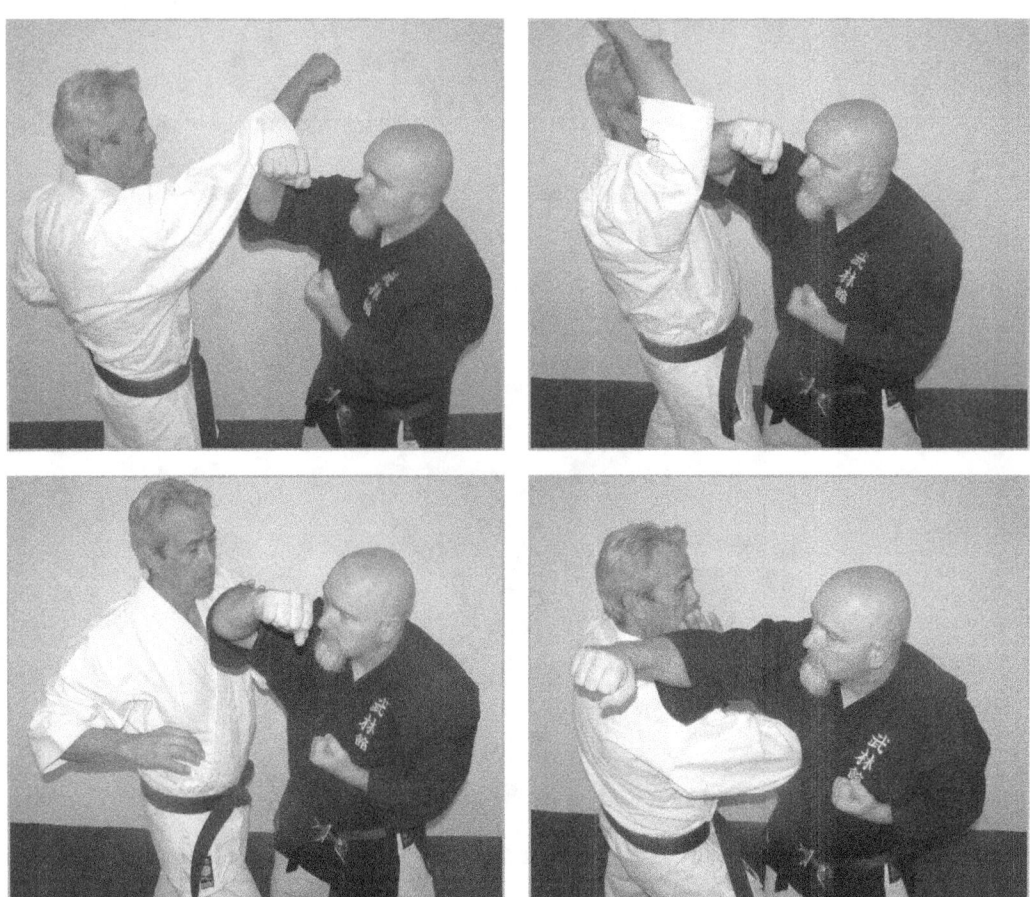

Cuando el defensor aplica la presión en dirección vertical, el atacante puede girar, retroceder y contraatacar por debajo.

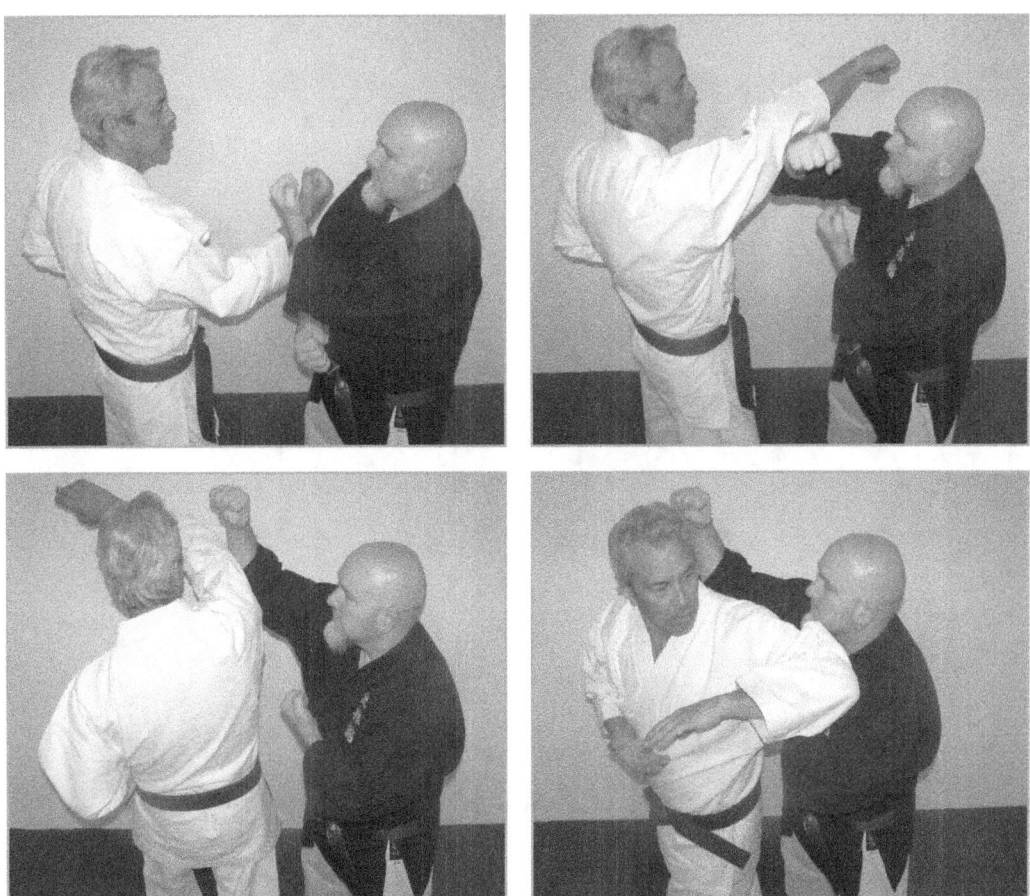

Si el defensor aplica presión horizontalmente, el atacante puede girar y golpear al defensor con el codo.

Utilizar Dos Puntos de Presión

Si se emplea un solo brazo para ejercer presión hacia el centro del oponente, éste puede reaccionar lo suficientemente rápido como para girar y desviar esa fuerza lejos de su centro.

Sin embargo, utilizando dos brazos, puedes "triangular" la presión para afectar al centro de tu oponente. Con ello consigues dos cosas:

1. Dirigir más fácilmente la fuerza hacia el centro; y

2. Ayudar a evitar que el oponente gire lejos de tu presión.

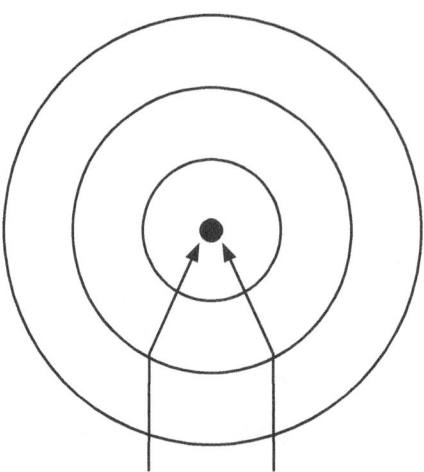

Triangulación de la fuerza

Dos puntos de contacto en el atacante hacen posible que el defensor perturbe su postura y equilibrio con más facilidad.

El defensor puede utilizar dos brazos para bloquear el brazo del atacante, y utilizar el brazo para desequilibrar al atacante, ya que está conectado directamente al centro del mismo.

(lado contrario)

En el ejemplo de la página 186, el defensor utiliza los dos movimientos de un bloqueo medio "típico" para recibir dos golpes del atacante. Deteniendo el brazo derecho del atacante con su mano izquierda, utiliza su mano derecha (1er segmento) para enganchar el tríceps y el codo derecho (2ª puerta) para primero golpear y luego efectuar un derribo. (Este es un ejemplo de la palanca de brazo del kata shisochin desde la posición interior.)

Defensa Contra Dos Puntos de Presión

Una defensa básica contra dos puntos de presión que triangulan contra tu centro es "quitar" uno de los brazos del atacante de su sitio, lo que le obliga a:

1. Intentar volver a enganchar el brazo quitado para continuar;

2. Cambiar la dirección de la energía con el punto de contacto que queda e intentar continuar con un solo punto de contacto; o

3. Abandonar la táctica por completo.

Normalmente, este movimiento de quitar o separar se realiza con una energía que se mueve en dos direcciones.

En este ejemplo, la división de la energía del atacante se produce justo antes de que el atacante entre en contacto con el defensor (una expresión de chu/ge uke del kata Seiunchin).

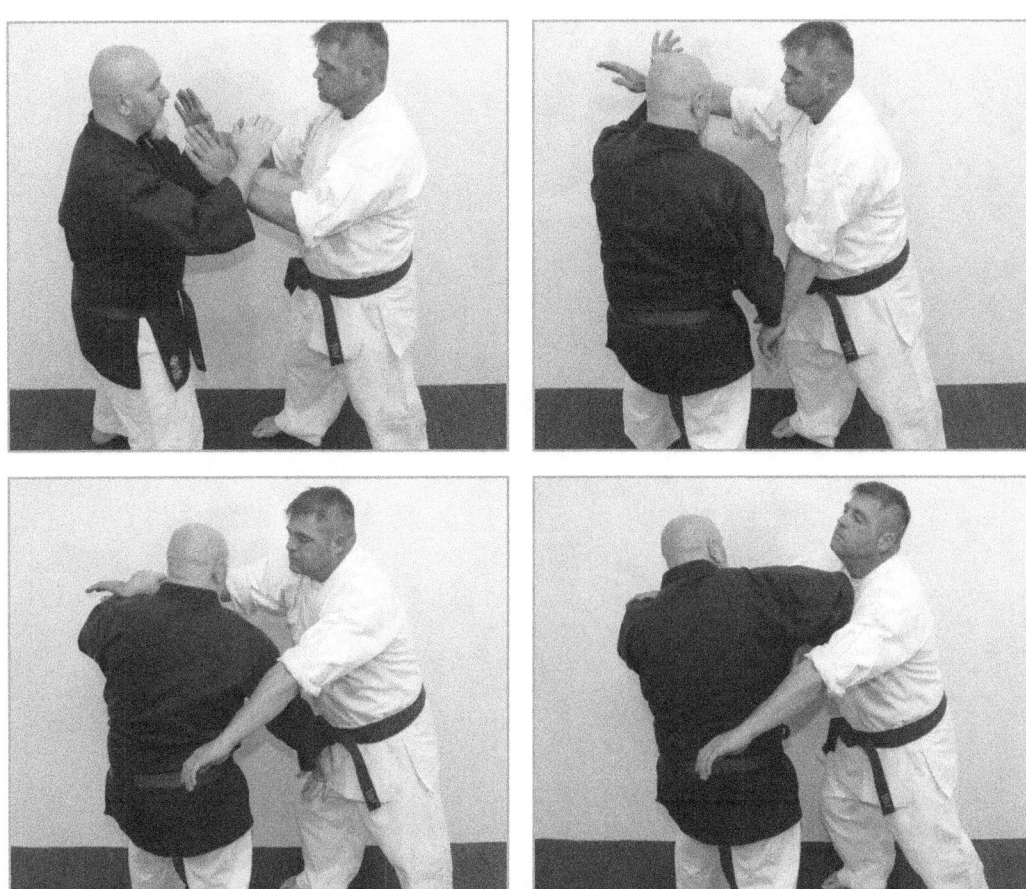

Este ejemplo similar muestra que la energía de división del defensor hace que su mano derecha descienda. Ahí, el defensor utiliza el *arma más cercana, objetivo más cercano* para golpear la ingle con el primer segmento y la barbilla con el segundo segmento.

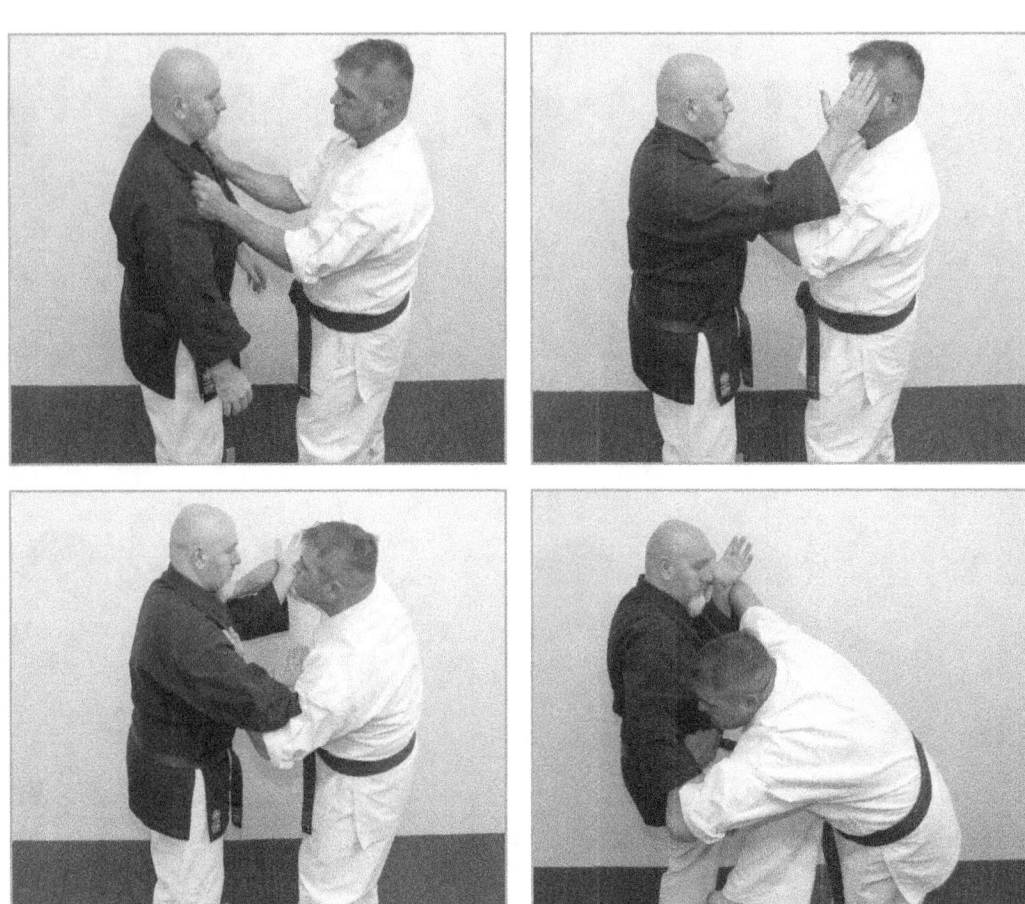

En este ejemplo, el atacante tiene pleno contacto con la ropa del defensor. El defensor golpea a la cara de camino a dividir la energía del atacante, abre el centro para un golpe de rodilla al bazo (del kata Saifa).

En esta situación, el atacante inmoviliza el brazo del defensor contra su cuerpo. El defensor gira hacia la derecha, y entonces tira de un brazo con osae (presionando), contraatacando con un uraken a la cara del atacante. (Un ejemplo del kata Seiunchin).

De nuevo, el defensor debe evitar tratar de quitar un punto de contacto cercano al hombro, ya que aumentan las posibilidades de que el atacante le detenga.

Aplicar los Conceptos de los Cuatro Movimientos

Los cuatro conceptos primarios de movimiento (sei noi biu ging / 四內標勁) del boxeo del sur de China describen varias opciones fundamentales para perturbar la postura y el equilibrio de un atacante, y se aplican más fácilmente a un oponente una vez que su centro está disponible para su aprovechamiento:

1. **Hundir** (chaam / 沉)– Esta pesadez puede restringir los movimientos de la parte inferior y superior del cuerpo del atacante.

沉：如泰山壓頂
Hundir: Como el Monte Tai presionando hacia abajo

2. **Flotar** (fau / 浮) – Levantar una parte de su cuerpo conectada a su núcleo puede hacer que el atacante esté muy preocupado por su mantener el equilibrio.

浮：如飛鳶定地
Flotar: Como vuela una cometa

3. **Escupir** (tou / 吐) – Proyectar potencia hacia el atacante puede alterar su equilibrio, haciéndole dar un paso o desequilibrarse, y provocar una rotación en su cuerpo.

吐：如猛虎出林
Escupir: Como un tigre feroz que sale del bosque

4. **Tragar** (tun / 吞) – Tirar del atacante puede perturbar o girar su estructura de la misma manera que escupir.

吞：如貓兒戲鼠
Tragar: Como juega un gato joven con un ratón

Bloqueo nivel medio – La forma estándar del bloqueo medio hacia afuera es una cuña hacia abajo. Esta forma aplica más fácilmente una energía descendente, de **hundimiento**.

Lo mismo ocurre con el bloqueo medio hacia dentro.

Cambiar a un codo hacia arriba redirige la fuerza hacia arriba, haciendo **flotar** al oponente.

El bloqueo alto hacia fuera es una forma perfectamente adecuada para hacer **flotar** a un oponente.

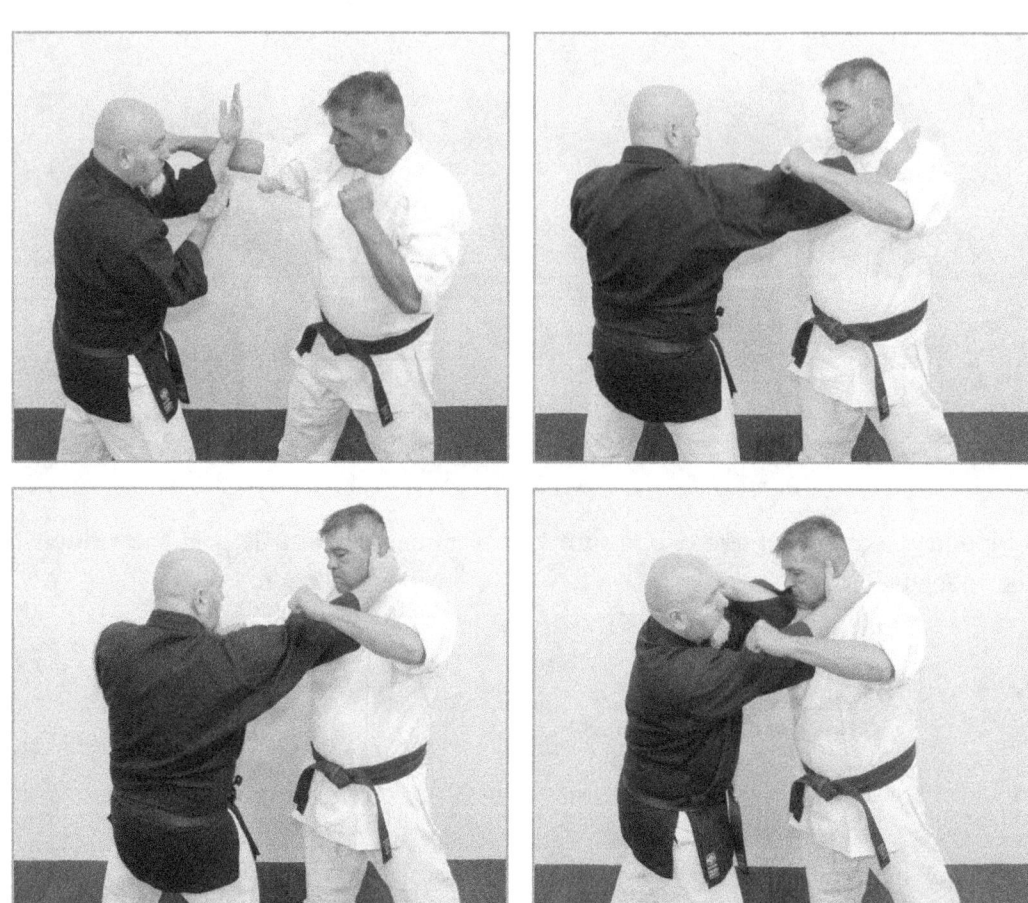

El defensor demuestra un ejemplo de **escupir** que puede ayudar a girar al atacante en preparación para una proyección o simplemente a bloquear el hombro para evitar un puñetazo. Un tirón al cuello muestra **tragar**.

Cada puñetazo, empujón o golpe directo es un ejemplo de escupir.

Utilizar el movimiento de tracción de Sanchin para abrir el centro del atacante es un ejemplo de **tragar**.

Un bloqueo cruzado que transfiere un golpe de línea baja a una combinación de bloqueo bajo (y tirón)/codo muestra **tragar** (del kata Kururunfa).

Desviar golpes puede demostrar una combinación de **escupir** y **hundir**...

...o **escupir** y **flotar**.

Potencia en Corto

Para asestar golpes potentes en el clinch, y para aprovechar al máximo los principios que permiten una presión agresiva, como arma más cercana/objetivo más cercano, mantener el arma en línea, continuar hacia delante/despejar obstáculos, es útil desarrollar lo que en las tradiciones marciales del sur de China suele denominarse "**potencia en corto**" (duan jin / 短勁) o "**golpe de la pulgada**" (cun jin / 寸勁).

Por su diseño, golpear con *potencia en corto* no requiere un gran "repliegue", que podría ser aprovechado por el atacante.

Cuando un defensor retrocede para "prepararse" para un puñetazo, el atacante aprovecha ese ir atrás.

Aunque golpear con un *cuerpo bien coordinado y unificado* ayuda a desarrollar la potencia a corta distancia, hay otras consideraciones a tener en cuenta cuando se intenta entrenar y desarrollar la *potencia a corta distancia*.

Involucra Todo el Cuerpo, y luego "Suelta el Embrague"

Dado que a menudo nuestra potencia proviene de las rotaciones de las caderas y el torso a través del contacto con el suelo en una cadena coordinada por el cuerpo, puede ser expresada a través del cuerpo y luego, en el último momento, "conectado" a los brazos de la misma manera que un coche con transmisión manual puede tener el motor acelerado mientras está en punto muerto, y luego "soltamos el embrague" para vincular el motor a las ruedas a través de la transmisión para una salida rápida.

Con este enfoque, se puede añadir potencia a un brazo rígido o a un codazo de empuje sin antes ir hacia atrás.

Brazo rígido, impulsado por la parte inferior del cuerpo y el núcleo (del kata Shisochin).

Podemos utilizar la misma forma de transferencia de fuerza del brazo rígido desde el núcleo desde la posición de bloqueo bajo.

Podemos clavar la punta del codo en el esternón a corta distancia, en el clinch... de nuevo impulsado por las piernas y la rotación del núcleo y el torso.

Entrenamiento – brazo rígido contra almohadilla o saco pesado. Utiliza la misma fuerza de rotación que en el entrenamiento de golpeo básico.

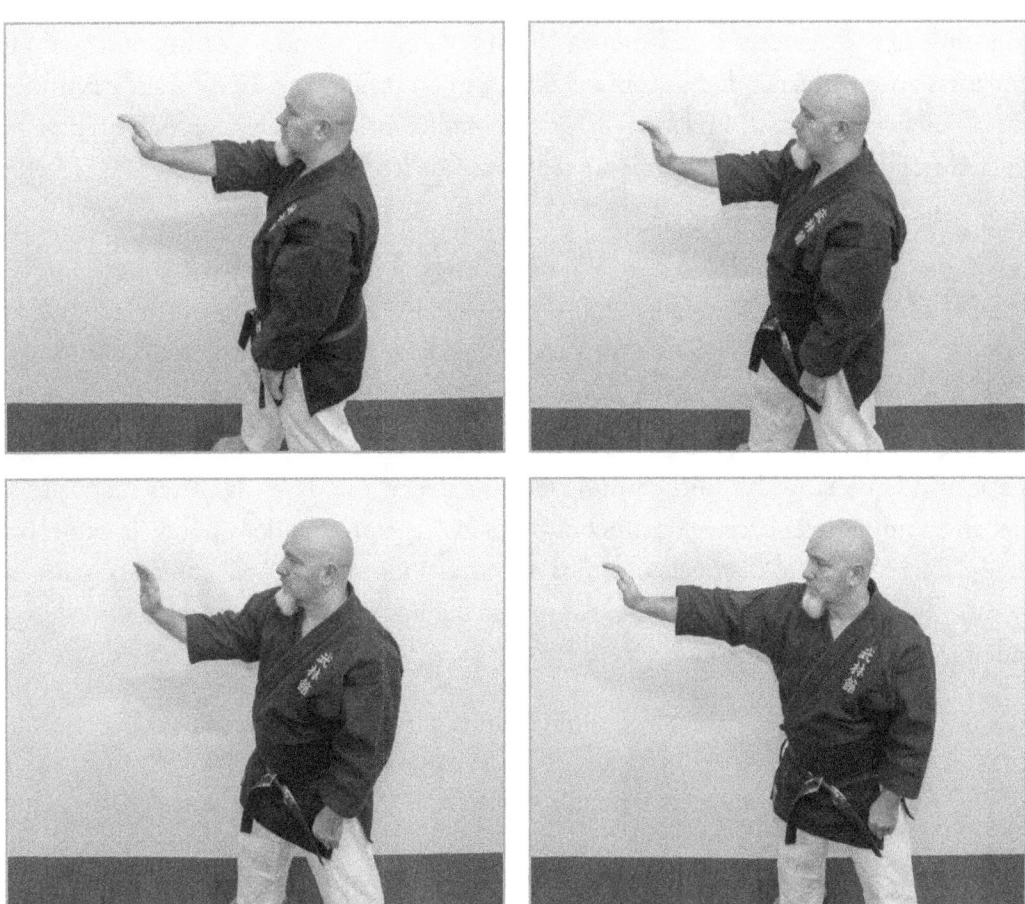

Relaja el brazo y luego bloquéalo o extiéndelo alternativamente en cualquier momento durante la rotación/empuje hacia delante.

Relajación Coordinada y Latigazo

Los golpes se benefician de una rápida aceleración. La velocidad suficiente para crear golpes devastadores sólo puede lograrse si los grupos musculares antagonistas están lo más relajados posible para evitar que los pares musculares trabajen unos contra otros.

Se dice que el estilo Goju-ryu debe su nombre a uno de los versos de las llamadas "Ocho leyes del puño" (拳法之大要八句), un poema de ocho versos del Bubishi okinawense.

Sin embargo, el concepto de gang-rou ("goju"/"duro y blando") es fundamental en todas las artes marciales de Fuzhou y Hakka, y es un concepto crítico para el desarrollo de la potencia explosiva. En la mayoría de las tradiciones marciales del sur de China se encuentran poemas como el siguiente del Boxeo de los Cinco Ancestros:

> 全刚易折、全柔易缠，刚柔相济、操胜在手
>
> Todo duro... fácil de romper, todo blando... fácil de enmarañar
> Duro y blando obrando juntos, la victoria está cercana

La idea de que tanto lo duro como lo blando tienen cabida en las artes marciales y deben coordinarse es la clave de muchos métodos de expresión de la potencia explosiva (fajin / 發勁). Aunque muchos estilos como el Goju-ryu tienen enseñanzas orales como "permanecer relajado hasta el momento del impacto y luego apretar", puede ser notablemente difícil hacerlo.

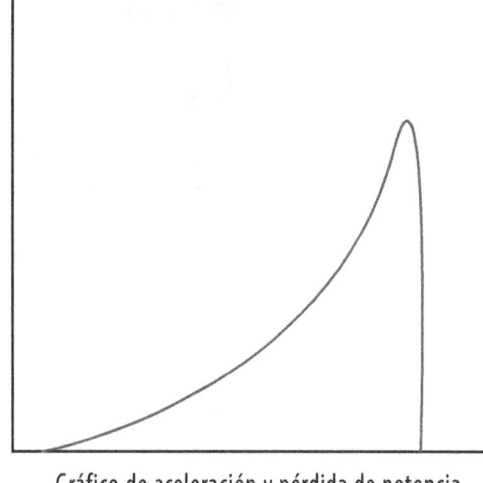

Gráfico de aceleración y pérdida de potencia

Un método que puede ayudar a desarrollar relajación antes y después de un golpe proviene de la práctica fundamental de puñetazos de la Grulla que Grita (minghequan/鳴鶴拳). Este método de golpeo tiene una mecánica corporal de "látigo", similar a un "uraken" ascendente, y su método de entrenamiento ayuda a identificar la relajación y a centrarse en ella.

Partiendo de una postura totalmente relajada, las caderas giran y la energía se expresa hacia arriba a través del cuerpo hasta el hombro, el codo y la muñeca, donde se produce un "apretón" momentáneo. A continuación, liberamos la tensión corporal lo más rápidamente posible y se libera el 100% de la tensión del brazo, que baja y golpea con naturalidad al practicante en el muslo.

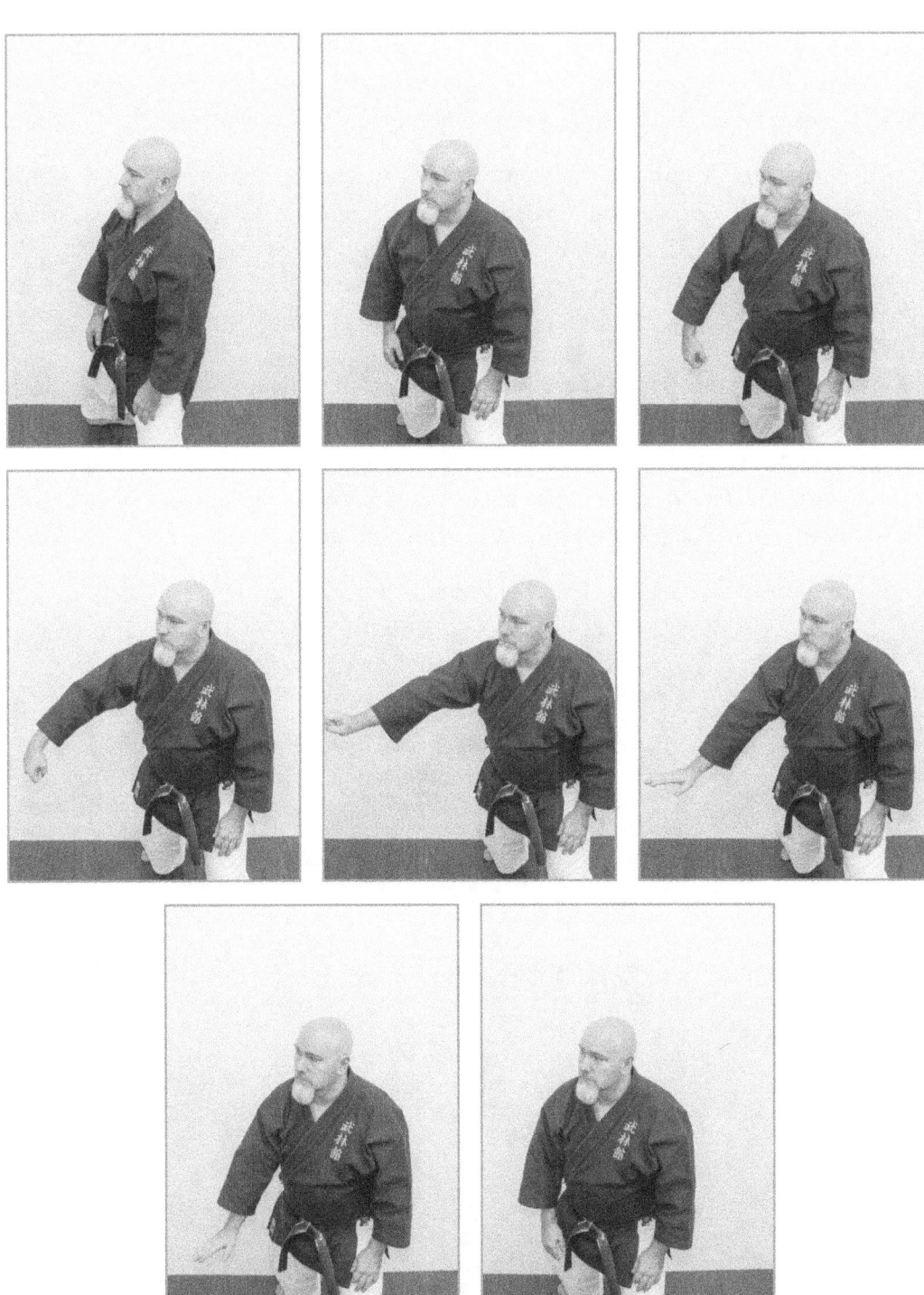

Puño de látigo de Minghequan

Esta forma de entrenamiento es beneficioso porque ayuda a relajarse antes de golpear para reducir o eliminar por completo la tensión muscular del músculo no primario de cada par muscular implicado en el golpe, lo que ayuda a la aceleración.

Un beneficio extra de este entrenamiento es la capacidad de relajarse voluntariamente después de un golpe para estar preparado para el siguiente. Esta capacidad de relajarse después de golpear puede reducir el tiempo de "recarga" entre golpes eficaces.

Espasmo, No Empujón

Un aspecto importante para golpear con potencia en corto de forma eficaz en el clinch es conseguir una acción "espasmódica" de los músculos, similar a la sacudida hipnagógica que se produce a veces cuando uno empieza a dormirse. Por el contrario, utilizar una aceleración lenta permite al atacante sentir y anticipar el siguiente movimiento, y permitiéndole ajustarse al movimiento del defensor.

En el Boxeo de la Ceja Blanca (白眉) se le llama "potencia de impacto" (驚勁):

> 驚勁: 如受火燒或針刺突然反應發出的勁
>
> Potencia de impacto – como la fuerza que sale de repente cuando te quemas o te pinchas con una aguja.

Estructura de Sanchin – golpea sin retraer, utilizando una sacudida/espasmo.

Practicar los mismos movimientos de "sacudida" desde las posiciones de bloqueo.

Considera Reclutar al Hombro

Algunas tradiciones del sur de China, como la Ceja Blanca (白眉) o la Grulla que Alimenta (食鶴拳) consiguen aceleración y penetración adicionales mediante el entrenamiento para aumentar la amplitud de movimiento y potencia de los hombros, que puede expresarse de forma aislada o en combinación con el giro de cadera.

Práctica fundamental para la amplitud de movimiento de los hombros: Con los brazos estirados, lleva los hombros hacia atrás y hacia delante.

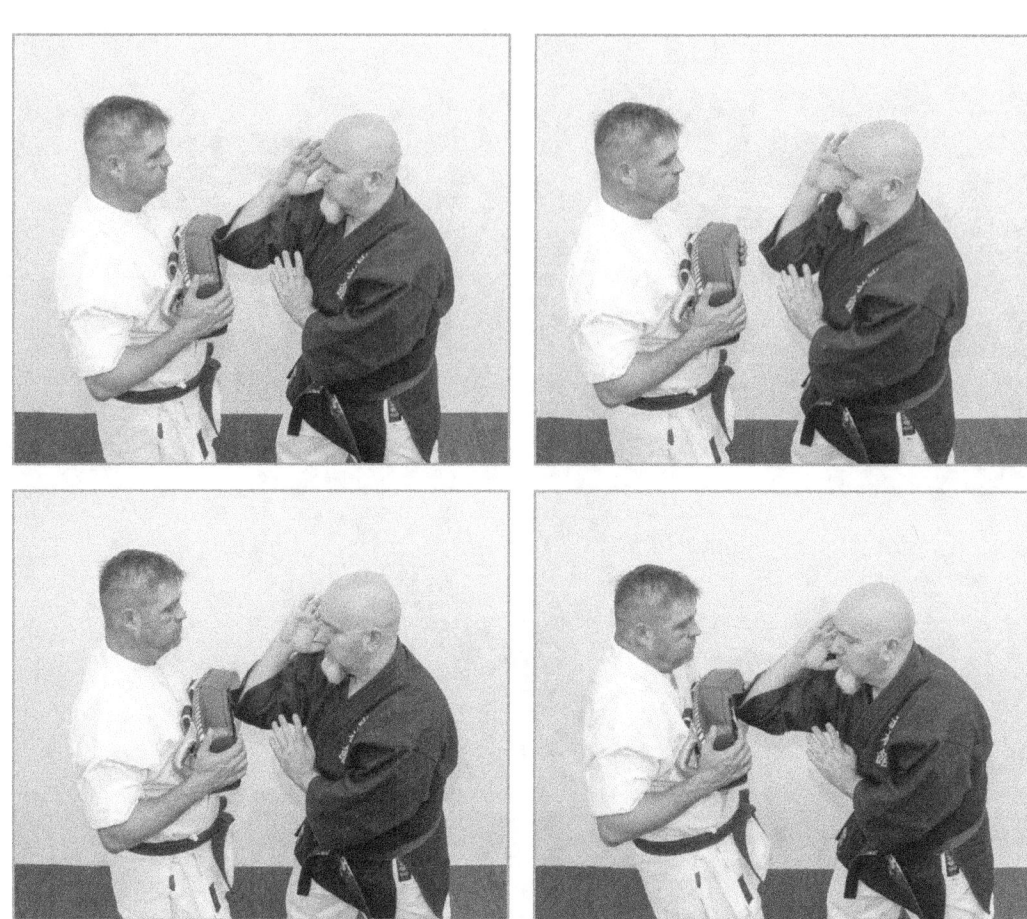

Ejercicio con compañero con escudo;
con el codo adelantado, utiliza sólo el movimiento del hombro para golpear.

Aunque los ejercicios que mostramos refieren específicamente el movimiento del hombro hacia delante, existen numerosos métodos para entrenar el hombro hacia arriba, hacia abajo, hacia atrás y en diagonal, que quedan fuera del alcance de este trabajo.

Sé el Primero en Cambiar la Energía

En las artes marciales chinas, se usa a menudo la palabra clave hua (化) para describir situaciones de **cambio** o **transformación**. Desde una perspectiva marcial, el cambio es un importante recordatorio de que no debemos estar demasiado apegados a la idea de una técnica específica para poder, cuando se nos oponga, cambiar rápidamente de táctica para hacer frente a la situación cambiante a la que nos enfrentamos.

Resistir en una sola dirección es relativamente sencillo... realineamos nuestra postura y activamos músculos de apoyo adicionales para proporcionar resistencia a una presión singular. Sin embargo, resistirse a una presión *cambiante* es notablemente difícil por las razones comentadas anteriormente que están relacionadas con el timing. Resistirse a un cambio de presión coloca a la persona que se resiste en el después, lo cual es claramente una situación no deseable.

A los seres humanos les cuesta oponer una resistencia concertada y coordinada en varias direcciones. Un brazo extendido puede resistir fácilmente un empujón hacia abajo, pero no un empujón repentino e inesperado lateral, por ejemplo.

Esta estrategia se ejemplifica en el dicho chino:

> 四两拨千斤
>
> "Usa cuatro onzas para tumbar mil libras."

Ser el primero en cambiar la energía es un perfeccionamiento y ampliación del concepto de timing circundante a la búsqueda del dominio del antes, pero aplicado a situaciones en las que existe un contacto constante y la presión entre el atacante y el defensor se han neutralizado mutuamente.

Situaciones de Estancamiento

Cuando un atacante y un defensor se encuentran fuerza contra fuerza, es importante ser el primero en cambiar el ángulo y la presión de la energía.

Ser el primero, obviamente, coloca a esa persona en el *antes*, obligando al oponente a reaccionar en el *después*.

Atacante y defensor se encuentran en un punto muerto de presión en la posición exterior. El defensor retira el puente hacia el exterior y se desliza hacia el centro con un codo (una expresión del kata Seiunchin).

El defensor lanza un puñetazo circular al atacante, que éste defiende. El defensor hunde el codo, cambiando la energía del puñetazo hacia abajo, lo que tira del brazo del atacante hacia abajo, ofreciendo la cara del atacante para un segundo puñetazo.

El defensor responde a la energía del puñetazo del atacante con un bloqueo interior con la *mano equivocada*, pero inmediatamente cambia la energía de bloqueo hacia abajo, rotando al atacante y alejando al defensor de la segunda mano de puñetazo del atacante. El defensor contraataca a la mandíbula.

Aunque *ser el primero en cambiar la energía* podría considerarse "simplemente" un replanteamiento de lo que entendemos por *timing*, hay dos razones principales para aislar este principio del *timing*.

En primer lugar, no siempre es inmediatamente evidente que una situación ha llevado a presiones estancadas (igualadas/opuestas/neutralizadas). Un instinto humano natural es a menudo continuar tentando para "terminar" la técnica a la que se está oponiendo, mientras que la respuesta entrenada más valiosa es abandonar rápidamente el primer enfoque, *cambiar la energía, y continuar hacia adelante/despejando obstáculos*.

En segundo lugar, la comprensión de este principio puede ayudar a "entrenar la vista" para comprender mejor las aplicaciones que puede ver realizar a otros, incluso en estilos muy diferentes de aquel o aquellos en los que se entrena. Muchas aplicaciones que otros realizan tienen éxito en gran parte porque han tomado el control del *antes* identificando un punto muerto en la presión y han sido los primeros en *cambiar*. Esta situación puede no ser tan obvia, desde una perspectiva de timing, como una maniobra de golpeo, y es muy útil tener la comprensión y el vocabulario para identificar por qué una aplicación en particular es altamente exitosa.

Resumen del Capítulo

El capítulo 5 se centró en los conceptos de potencia, palanca y presión.

Tratamos algunos de los beneficios de unificar el cuerpo para usar los grupos musculares más grandes, y luego discutimos el concepto de palanca de fuerte vs débil, identificando los puntos de contacto en defensor y atacante que maximizan la utilidad del movimiento mientras se emplea la mejor palanca disponible.

Una de las principales formas de control analizadas en el Capítulo 2 es cómo atacar la postura y el equilibrio del oponente. Esta técnica se trató más a fondo en el contexto de proporcionar un control constante durante casi cualquier circunstancia de contacto físico continuo.

Identificamos un concepto fundamental, la búsqueda del centro, y luego tratamos cómo mejorar este enfoque utilizando uno o más de los cuatro principios de movimiento principales de las tradiciones marciales de Fujian: *hundir, flotar, escupir y tragar*.

Tratamos el tema de la *potencia en corto* y su naturaleza crítica como apoyo a otros principios relacionados en un arte marcial de clinch, junto con ejemplos de aplicación y algunos métodos de entrenamiento.

Por último, discutimos un principio que fusiona la presión y el timing con un recordatorio para ser rápido en identificar situaciones de presión igualada entre defensor y atacante, y *ser el primero en cambiar la energía* en esas circunstancias, también referido como tomar el mando **del antes**.

6

Un Modelo de Enseñanza para un Desarrollo Progresivo de Habilidades

Como ya se comentó brevemente en el capítulo 1 ("Entonces, ¿CÓMO se implanta un modelo "basado en principios?"), sólo podemos aprovechar un modelo basado en principios cuando estos se apoyan en una mentalidad que valora las destrezas por encima de la memorización y se combinan con un modelo de enseñanza que permite al alumno recorrer progresivamente las tres etapas del aprendizaje. Sin estos requisitos previos, los principios no son más que una lista de comprobación con la que corregir aplicaciones memorísticas "puntuales".

Desde el punto de vista de la elaboración de un currículum de artes marciales, las etapas del aprendizaje basado en las habilidades se trazan aproximadamente de la siguiente manera:

#	Fases de aprendizaje	Modelos de Desarrollo de habilidades
1	*Conocimiento*	Múltiples ejercicios individuales para el desarrollo de habilidades aisladas, cada uno de los cuales apoya uno o más de los principios u objetivos del arte.
2	*Comprensión*	Los ejercicios deben permitir lo siguiente: 1. Unir y combinar habilidades aisladas 2. Poner las habilidades en un contexto útil 3. Destacar las similitudes y diferencias entre los conjuntos de habilidades aisladas

3	*Transferencia / Aplicación*	Una plataforma, paradigma o método de entrenamiento seguro que permita a los alumnos transferir y aplicar lo aprendido: 1. Explorar los límites de su comprensión, 2. Examinar presupuestos, 3. Tests de presión de técnicas, conceptos y aplicaciones 4. Experimentar con alternativas a las que da su instructor/es

Paso 1 - Desarrollo de Habilidades Individuales (Conocimientos)

Hasta ahora, hemos discutido más de treinta principios que nos han sido transmitidos desde varias tradiciones marciales y que sostienen las prácticas y aplicación de un sistema de agarre y golpeo de pie en el clinch. En algunos casos, demostramos ejercicios específicos y aislados que pueden ayudar a orientar y enseñar habilidades relacionadas con esos principios.

Desgraciadamente, el desarrollo de una habilidad individual para secundar un objetivo basado en principios no garantiza que la habilidad adecuada se manifieste en el momento preciso para respaldar la forma de control necesaria en el momento crítico.

En esta fase, las habilidades individuales siguen siendo realmente "únicas", como lo son muchas aplicaciones preestablecidas... demuestran una respuesta predefinida a una situación concreta. Siguen faltando varias cosas... la seguridad de que la habilidad se aplicará desde una "sensación" (o con muy poco pensamiento consciente) y de que se aplicará correctamente, dadas las muchas opciones de que dispone el practicante.

Por ejemplo, un punto de referencia en particular, "brazo de ventaja bajo", requiere contactar con el interior del brazo del mismo lado del adversario. En esta técnica hay muchas variables potenciales que conducen a la "mejor" respuesta: Qué pierna tiene cada uno delante, qué presión (fuerte, ligera, retraída/desconectada), cuánto se inclinan los cuerpos adelante, dónde contactamos exactamente con nuestros "puentes", dado lo que sabemos sobre las tres puertas y la técnica fuerte frente a la débil, etc.

Saber cómo enfrentarse a ese sencillo escenario y aplicar los principios correctos utilizando sus habilidades necesarias es complejo, y debe ejecutarse sin el lujo del pensamiento consciente. No hay tiempo para "hacer cuentas" o buscar la respuesta correcta... si queremos resolver la situación rápidamente y a nuestro favor necesitamos haber "sentido" y experimentado esta situación o una muy similar, y haber "luchado" antes para salir de ella. Los ejercicios individuales y aislados ayudan al alumno a adquirir componentes de esa experiencia.

Y seamos claros, como profesor, no crearás un ejercicio para cada permutación para ayudar a cada alumno a desarrollar el "sensación" necesario para seleccionar entre dos "opciones" para cada punto de referencia. Lo más probable es que des un nivel de entrenamiento aislado que sea eficaz en una situación determinada, y luego hagas avanzar a los alumnos para que aprendan otras habilidades individuales que se enlazarán y combinarán en lecciones posteriores.

Para que un alumno avance por las etapas del aprendizaje, es fundamental que el profesor no ocupe el tiempo de entrenamiento del alumno practicando habilidades ya adquiridas. Una vez que el alumno ha desarrollado una destreza, debe avanzar hacia ejercicios que amplíen esa destreza, la relacionen con otras destrezas, la utilicen en situaciones alternativas o simplemente pasen a aprender otras destrezas.

También es muy útil para el profesor articular claramente el objetivo/s de cada ejercicio y sus opciones... qué destreza/s pretende desarrollar este, y qué principio/s se apoyan en esas destrezas. Este conocimiento permite al alumno "estudiar" la tradición, en lugar de limitarse a "entrenar" o "practicar". Dado que cada ejercicio tiene valor en una dirección concreta y déficits en el resto, puede ayudar tanto al alumno como al profesor a tener claro el valor de cada actividad del entrenamiento, lo que permite una constante detección y corrección de errores en relación con los objetivos de entrenamiento a corto y largo plazo.

Ya que el propósito de este libro es tratar un conjunto de premisas conceptuales con ejemplos y no establecer un plan de estudios completo, el autor espera que el lector pueda usar la información ofrecida para modificar o crear ejercicios desarrollo de habilidades que apoyen los principios estimados de la propia tradición marcial del lector.

La mayoría de los principios (y ejemplos) seleccionados para su inclusión pueden incorporarse al entrenamiento de cualquier arte en lo que se refiere a la parte del currículum relativa a recibir, parar o bloquear... que es la parte más relacionada con pasar del *después* al *durante* de forma eficiente y eficaz, para permitir que el defensor se convierta en la persona que controla el *antes*, donde casi todo es posible.

Paso 2 - Habilidades Combinadas con la "Selección" (Comprensión)

Para preparar al alumno para una plataforma verdaderamente libre, es importante ayudarle a aplicar sus destrezas de forma que se tengan en cuenta las variaciones de presión, timing y puntos de referencia físicos. Para cada ejercicio de desarrollo de habilidades, es útil añadir más de un escenario como "activador" para comprender las distintas opciones en un escenario *similar*, de modo que el defensor pueda reaccionar a la agresión con algún conjunto de opciones disponibles, como las siguientes:

- Opciones letales o no letales contra un agresor,
- Decidir pasar de la posición exterior a la interior, o viceversa,
- Responder con una maniobra de agarre o separarse repetidamente para centrarse en patear.

Presentamos un ejercicio de "despeje de obstáculos", cuyo objetivo es proporcionar al defensor un conjunto de habilidades para enfrentarse a una obstrucción/bloqueo, dadas algunas variaciones específicas y comunes en esa situación. Específicamente, este ejercicio nos ayuda a practicar el principio de *continuar hacia delante y fluir alrededor de los obstáculos*. En este ejercicio, el dador se parece mucho a un entrenador de boxeo que sujeta las manoplas. Este variará aleatoriamente su método de bloqueo, permitiendo al defensor la oportunidad de sentir el estímulo que apunta a la respuesta de seguimiento "contextualmente correcta", permitiéndole *fluir alrededor del obstáculo* hacia su siguiente ataque.

Método de bloqueo del dador	Respuesta "fluida" del defensor
Bloqueo "superficial", entre el codo y la muñeca	Pivote con codo, avance y uraken o uppercut
Bloqueo profundo entre el codo y la muñeca	Retrocede al bloqueo central (a la Sanchin) para abrir el centro del atacante a un segundo ataque

| Bloquear con una presión excesiva hacia abajo | Deja caer el brazo por abajo y girar hacia arriba/alrededor para un puñetazo circular a la sien. |

El defensor golpea al dador le bloquea. Dependiendo de cómo bloquee el dador, el defensor seleccionará una de las tres opciones posibles para hacer frente a la obstrucción.

Opción 1: Cuando el dador bloquea más abajo del codo o a través de la línea central. El defensor "rueda" a un uraken o uppercut.

Opción 2: Cuando el dador bloquea en el codo del defensor con presión buscando el centro, el defensor abre el centro y golpea con la mano que tira.

Opción 3: Cuando el dador bloquea y empuja demasiado abajo, el defensor sale por abajo y golpea desde el exterior.

Paso 3 - Plataforma libre/Laboratorio (Transferencia)

Casi todas las formas de tradiciones marciales chinas incluyen algún tipo de "plataforma" de experimentación y prueba de presión para dos personas, que ayuda a los alumnos a transferir y aplicar sus conocimientos a nuevas situaciones.

Estos ejercicios/plataforma tienen diversos nombres:

- Manos que empujan (推手)
- Manos pegajosas (黐手)
- Manos que ruedan (轆手)
- Manos enroscadas (盤手)
- Manos que cruzan (過手)
- Manos que escuchan (聽手)
- Manos que amasan (搓手)
- Manos sueltas (散手)
- Manos de puente (橋手)
- Construcción de puentes (搭橋)
- Negociar con las manos (講手)
- Levantar las extremidades (舉技)

Independientemente de la denominación tradicional de la plataforma de entrenamiento, el objetivo suele ser similar: proporcionar al alumno un entorno de entrenamiento con límites o limitaciones por motivos de seguridad. Este entorno permite poner a prueba el material que han aprendido, ampliar los límites de sus habilidades y conocimientos, y "transferir" sus habilidades a situaciones y posiciones que de otro modo no estarían presentes en ejercicios predeterminados.

El resto de este capítulo es una progresión sistemática de cinco niveles para una plataforma de "manos que se unen". Esta plataforma está pensada para perfeccionar y vincular las habilidades desarrolladas en ejercicios aislados anteriores. Algunos de los valores de esta plataforma son:

- Añadir puntos de referencia para iniciar la práctica de la aplicación
- Mayor aleatoriedad de las respuestas del atacante y el defensor
- La oportunidad de utilizar otras partes del cuerpo de nuevas formas
- La oportunidad de usar movimientos fundamentales del arte de nuevas formas

Resumen de la progresión de la formación

Los cinco niveles de progresión a través de la plataforma guían al alumno a través de un conjunto de habilidades identificando habilidades concretas en las que centrarse por rol y nivel. El rol que aparece en **negrita** en la siguiente tabla es el que está trabajando en las "Habilidades Primarias Desarrolladas". La mayoría de los niveles (1-4) requieren el cambio de roles para que todos los alumnos tengan la oportunidad de ejercitar todas las habilidades del nivel.

Nivel	Habilidad/es "principal/es" desarrolladas	Rol A**	Rol B**
1*	Pegarse, Fijar, "Escuchar"	Líder	*Seguidor*
2*	Selección de objetivos, posición, entradas	*Atacante*	Seguidor
3*	Redirección, Neutralización, Concienciación	Atacante	*Neutraliza*
4*	Fluir alrededor de obstáculos, alternativas	*Atacante (Combinaciones)*	Neutraliza
5	Variación de las "formas de control"	*Atacante (Todas las formas de Control)*	*Neutraliza y Contraataca*

* Los niveles 1-4 requieren un cambio formal de roles durante la práctica. El nivel 5 introduce un cambio cooperativo y fluido de intención/rol.

** La negrita/cursiva indica qué persona de cada nivel y función recibe los principales beneficios del ejercicio para el desarrollo de sus capacidades.

Nota: este método de entrenamiento aísla específicamente la "potencia" y la velocidad y aceleración relacionadas con ella. Existen otros métodos de entrenamiento que aíslan otros componentes como el timing o la fluidez, para permitir el análisis de la potencia como solución a los problemas de aplicación.

Durante este entrenamiento, es muy importante que el instructor guíe el ejercicio dando las siguientes indicaciones y haciendo preguntas:

- "¿Qué ha sido eso? ¿Puedes repetirlo?"
- "¿Puede dejarme intentarlo de nuevo? Por favor haz X."
- "¿Te importaría ir un poco más despacio?"
- "Si quieres acelerar un poco, por mí está bien"
- "Me parece que estás un poco lejos, tocando sólo las muñecas... ¿puedes acercarte un poco más?"
- "No olvides intentar X"
- "No lo olvides, no se supone que estamos haciendo X, eso es algo del nivel Y."
- "No lo olvides, ganar no es importante, se aprende más entrando y saliendo de malas situaciones y posiciones extrañas."
- "Invierte en pérdidas."

Nivel 1 – Pegarse, Fijar, "Escuchar"

El líder mueve sus brazos a lo largo de toda la gama de movimientos del alumno a un ritmo constante de lento a moderado, mientras que el seguidor intenta simplemente pegarse a los brazos del líder.

En este nivel, el alumno intenta aprender a armonizar su movimiento con el del oponente, y sentir, en lugar de simplemente ver, cómo se mueve el líder.

El seguidor debe permitirse pegarse a distintas zonas, no sólo a la mano/muñeca. Se trata, en parte, un estudio de anatomía para el seguidor.

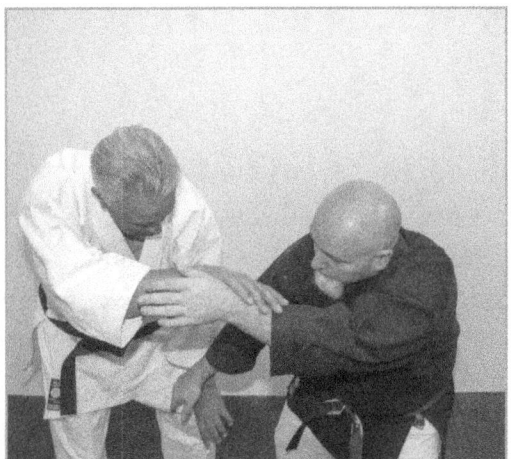

El líder (de negro) se mueve en toda su amplitud de movimiento. El seguidor (de blanco) se pega a los brazos del líder.

Errores Habituales:

Del líder:

- Pasar a movimientos agresivos
- Variar la velocidad o acelerar.
- Quedarse "demasiado rígido", es decir, limitar la amplitud de movimiento del cuerpo. Utilizar esto como una oportunidad para abrirse a todo el rango de movimiento.
- "Enhebrar" los brazos, forzando la transferencia del segundo brazo del seguidor para que se una fije a uno de los brazos del líder. Esto esencialmente lo desconecta de un brazo, obligándole a encontrar y volver a enganchar, en lugar de tener los dos brazos pegados a uno solo de los brazos del líder.

Del seguidor:

- Neutralizar antes de tiempo los movimientos que bloquean o "defienden" contra los movimientos del líder
- Enganchar sólo las manos y las muñecas. Todas las superficies del brazo y el hombro deben estar involucradas, según sea necesario.

Errores de ambos:

- Quedarse en una posición estática
- Centrarse demasiado en las manos. Usar toda la superficie de los brazos.
- Perder contacto con una mano (pasar a trabajar con una sola mano)
- Añadir fuerza o potencia.

Nivel 2 - Selección de objetivos, Posición, Entradas

En el Nivel 2, el "líder" expresa una intención agresiva, convirtiéndose en el "atacante", que dirigirá los golpes a objetivos vulnerables, y/o se moverá de tal manera que prepare (pero no ejecute del todo) agarres, derribos, llaves, etc. Este nivel es un estudio de múltiples puntos de referencia potenciales desde los que aplicar técnicas.

El seguidor debe continuar "ignorando" las acciones agresivas del atacante, y pegarse a sus brazos. Esto es difícil, pero importante para permitir al atacante la capacidad de explorar la selección de objetivos mientras está conectado a un oponente, ya que los brazos del seguidor no son neutralizados, sino que actúan para crear barreras naturales y obligar al atacante a crear y exponer aperturas.

El seguidor debería, sin embargo, entrenar sus "ojos" y concentrarse en sentir para entender mejor el momento exacto en que el líder abre una línea de ataque potencial abriendo el centro, ajustando los brazos para tomar una posición dominante, moviéndose a una distancia de ataque apropiada, etc.

Será MUY difícil para el seguidor no pasar a un papel de "defensor" en este punto. La intención es no permanecer en este nivel tanto tiempo como para que el seguidor desarrolle malos hábitos (no reaccionar cuando se vea amenazado).

Atacante (de negro), despeja el camino para un puñetazo de derecha al bazo. El seguidor (de blanco) se limita a pegarse al atacante en esta fase.

Errores Comunes:

Del atacante:

- Finalizar los ataques. Estos deben estar alineados y cerca del objetivo, pero no deben ejecutarse completamente. El seguidor debe saber que los ataques habrían tenido éxito.
- Limitar sus ataques sólo a armas estándar. Utiliza todas las partes del cuerpo para atacar. Ser creativo.
- Limitar sus ataques a objetivos estándar. Atacar todas las partes del cuerpo. Ser creativo.
- Utilizar la velocidad para intentar "vencer" la adherencia y liberarse.

Del seguidor:

- Neutralizar de los avances del atacante.
- No darse cuenta de las oportunidades de ataque dirigidas a ellos.

De ambos:

- Añadir fuerza, intentar "ganar" o cambiar drásticamente la velocidad.

Nivel 3 - Redirección, Neutralización, Conciencia

En este nivel, el defensor ya puede neutralizar los ataques. Con el cambio constante de puntos de referencia, el defensor se vuelve más consciente de las posibles líneas de ataque.

El atacante (de negro) intenta un golpe con la palma de la mano en la cara, y el defensor (de blanco) redirige.

Errores comunes:

Del atacante:

- Comenzar un ataque y no comprometerse con él. El compromiso crea una exageración útil para el ejercicio, y da al defensor la oportunidad de centrarse en métodos mejores de neutralización.

Del defensor:

- Sobre-neutralizar - defender en movimientos más grandes que la propia "estructura corporal".
- Neutralizar demasiado pronto: esperar hasta que el ataque esté a punto de completarse crea una situación más parecida a la que se encontrará a velocidad realista, cuando el bucle OODA (observar, orientar, decidir, actuar) del defensor tenga que procesar la situación antes de poder neutralizar.
- Contraatacar: El deseo de contraatacar debe suprimirse en este nivel, para centrarse más específicamente en la "mínima neutralización necesaria."

De ambos:

- Aumentar la velocidad para "ganar" el ejercicio.
- Pasar demasiado rápido de una técnica a otra.

Nivel 4 - Fluir Alrededor de Obstáculos, Alternativas

En este punto el atacante comienza a lidiar con el hecho de que sus ataques iniciales probablemente serán neutralizados. La neutralización del defensor debe ser vista sólo como un inconveniente, una obstrucción que debe ser eliminada o rodeada, por lo que el atacante debe atacar, lidiar con la obstrucción y lanzar un ataque secundario desde la nueva posición.

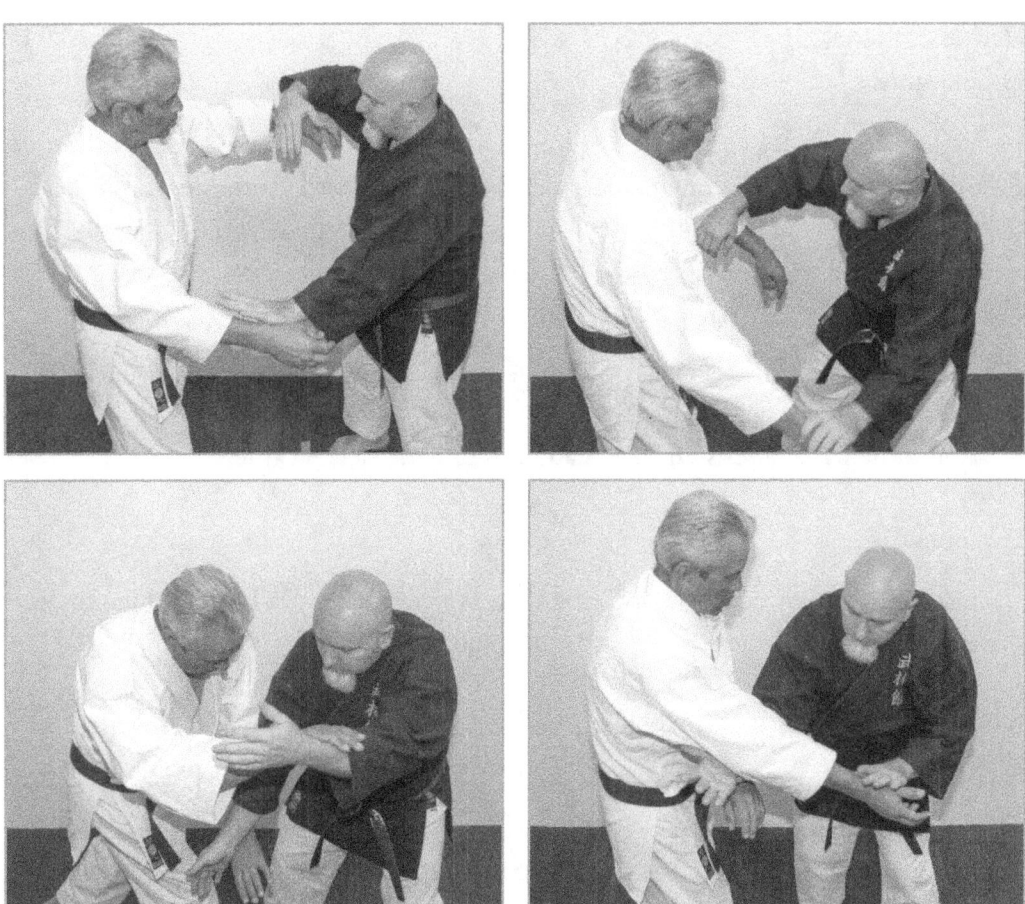

El atacante (de negro) intenta el mismo puñetazo al bazo. Ahora neutralizado por el defensor (de blanco), el atacante cambia a un rompimiento de brazo.

Errores Comunes:

Del atacante:

- Lanzar demasiados ataques enlazados muy pronto. Inicialmente se debe iniciar un ataque, reposicionar y un ataque secundario, y luego hacer una pausa antes de introducir otra descarga.

Del defensor:

- Aplicar demasiada resistencia a los esfuerzos de reposicionamiento del atacante (crear una resistencia gradual).
- Aplicar demasiada resistencia al ataque secundario del atacante.

De ambos:

- El nivel de potencia/fuerza debe decidirse verbalmente ANTES de comenzar el ejercicio para que todos sepan con qué están entrenando.

NOTAS: El ritmo debe ser más entrecortado. Atacar, luego neutralizar. Si el atacante o el defensor creen que la neutralización no ha sido eficaz lo hablan, repiten y buscan alternativas.

Esta es una oportunidad para explorar la continuación del ataque desde una posición neutralizada, fluyendo alrededor de los obstáculos.

Nivel 5 - Diferentes "Formas de Control"

El Nivel 5 abre el paradigma del entrenamiento para permitir no sólo todas las formas de control, sino definiciones más fluidas de "atacante" y "defensor". Se intercalan golpes, desequilibrios, patadas, derribos, y los compañeros determinan continuamente a quién se le da el "derecho de paso" para realizar una técnica totalmente comprometida.

Errores comunes:

- Ser "competitivo". En esta plataforma, se aprende/gana mucho más "perdiendo". Debe ser una plataforma segura para la experimentación diversa.
- Intentar "ganar" en lugar de probar nuevas propuestas y experimentar; no invertir en la pérdida.

- Permanecer demasiado encorsetado en el propio cuerpo no permite al practicante adentrarse en los lugares tan inusuales que este ejercicio puede ofrecer. Idear métodos para recuperarse de las "malas" posiciones puede ser uno de los mejores aprendizajes de este método de entrenamiento.
- Ceñirse a las técnicas "estándar". Todo el cuerpo es una herramienta que puede utilizarse a corta distancia. Intenta pensar "fuera de la caja" en este entorno seguro. Golpea con las piernas. Presiona con la cabeza. Tira con la barbilla.
- Intentar las cosas sólo "una vez". Si no funciona la primera vez, dialoga con tu compañero de entrenamiento. Intenta plantear la situación y vuelve a intentarlo.
- No experimentar plenamente con toda la gama de herramientas propias ni con toda la gama de objetivos.
- Intentar forzar determinados escenarios/acciones, en lugar de esperar a que se presenten las oportunidades.
- Cambiar de velocidad para "ganar". Si ambas partes están trabajando a ciertas velocidades e intensidad (esperemos que mutuamente determinadas antes de empezar), cambiar repentinamente a un nivel más alto de velocidad o potencia en medio de una técnica puede dar la ilusión de un éxito donde no lo hay. Por ejemplo, si yo me muevo a una velocidad x relativamente lenta y tú defiendes con un bloqueo rápido, eso significa que para que el bloqueo funcione de verdad, tú tendrías que ser capaz de moverte a una velocidad de 2 a 3 veces mayor cuando x es mi velocidad máxima, en lugar de una velocidad de entrenamiento determinada.

Lo peor que se puede hacer es tratar esta plataforma como una "competición" y no como un "laboratorio".

Utiliza esta progresión y esta plataforma para experimentar en un entorno seguro, y para impulsar el desarrollo de tus habilidades en direcciones que son difíciles de describir en otras formas de entrenamiento.

Epílogo

Busqué entrenar en artes precursoras al Goju-ryu (Grulla Blanca, Cinco Ancestros, Ceja Blanca...) por la luz que podrían arrojar sobre este. Descubrí que estas artes tienen preferencias, métodos de enseñanza y de entrenamiento fascinantes... algunos de los cuales apoyaban el Goju-ryu de Okinawa y otros no. El subconjunto presentado en este libro se alinea con mi comprensión de los conceptos básicos y las preferencias del estilo Goju-ryu basado en mis experiencias y la información que mis maestros y mentores compartieron conmigo. Cualquier fallo en el enfoque presentado o en la comprensión reflejada en el mismo es exclusivamente mío. Asumo toda la responsabilidad por el contenido de este libro, ya que refleja mi estudio, mi viaje y mis conclusiones, no las de mis maestros. Por último, refleja una parte del modelo de enseñanza que ejerzo en mi escuela Burinkan (sala del bosque marcial / 武林館).

La explicación en profundidad de las más de dos docenas de principios que se presentan en este libro constituiría, para algunos tradicionalistas, un acto blasfemo. Los antiguos quanpu (manuales de boxeo / 拳譜), como el Bubishi de Ryukyu, que contienen información tan específica, son custodiados históricamente en las tradiciones marciales. Un tema recurrente en las novelas Wuxia y en las películas de Kung Fu es el robo del quanpu de una escuela, lo que da a la escuela rival acceso a los secretos marciales del clan del héroe.

He observado un reciente interés por los "principios" en toda la comunidad de artes marciales tradicionales de Okinawa, pero he visto escasas referencias a principios prácticos escritos. Mi principal esperanza es que este libro ayude a llenar un vacío en la comunidad marcial, gran parte de la cual parece anhelar el significado y de nuestras antiguas tradiciones. Si este libro suscita un debate y ayuda a profesores y practicantes a aumentar sus habilidades en la aplicación de estas tradiciones, mis esfuerzos por aprender, codificar y documentar este material se verán recompensados.

Espero al menos que los conceptos de este libro ayuden tanto a practicantes como a profesores a detectar o corregir errores en sus prácticas de aplicación.

También albergo la esperanza mucho de que permita a los tradicionalistas "reconciliarse con la tradición" y considerar que cambiar el modelo de enseñanza es una forma aceptable de honrar la tradición, a la vez que nos permite y nos exige convertirnos en mejores maestros, manteniendo y fortaleciendo el valor de las tradiciones marciales bajo nuestra custodia.

En mi opinión, demasiados profesores y practicantes de artes marciales tradicionales se centran en gran medida en prácticas basadas en la memoria, excluyendo otros métodos de enseñanza (utilizados por otras artes marciales y deportes marciales) que están muy "centrados en las habilidades". Creo que una forma poderosa en que las artes marciales tradicionales pueden recuperar su respeto en la sociedad es centrándose en su utilidad original. Estas habilidades útiles requieren métodos de enseñanza de apoyo que no estén excesivamente centrados en prácticas memorísticas.

También espero que este modelo ayude a que los kata (kyung, formas, taolu) vuelvan a su lugar de antaño: el de un recordatorio resumido de las lecciones que los alumnos ya han aprendido antes de memorizar el kata. Las lecciones de kata en épocas anteriores eran probablemente las del "kihon waza" (los movimientos "fundamentales" del estilo) aplicadas a las combinaciones y variaciones que halladas en las formas. No habría habido necesidad de reglas adicionales para descifrar las formas.

Aunque este libro se centra principalmente en principios relacionados con la aplicación y trata pocos métodos de enseñanza y entrenamiento, su asunto principal es mostrar un principio básico de la enseñanza Burinkan: "enseñar con comprensión". Al igual que las aplicaciones, la enseñanza y el entrenamiento se han de guiar por principios si queremos que sean repetibles y progresivos. Si este libro despierta interés, es posible que publiquemos un libro sobre los principios de la enseñanza.

Por último, me gustaría darte la bienvenida al Burinkan. Si este libro te ha resultado útil para tu forma de entrenar, es probable que disfrutes de una visita al Burinkan para cruzar manos con otros profesores afines y explorar este enfoque del entrenamiento y la enseñanza de las artes marciales tradicionales.

Russ Smith
Instructor Jefe, Burinkan Martial Arts
Burinkan.org

Sobre el Autor

Nacido en Michigan, Russ Smith se interesó por las artes marciales cuando era un adolescente y empezó a aprender los fundamentos del karate con un amigo de la familia. No fue hasta su visita Filipinas a finales de los 80 que comenzó su entrenamiento formal en Goju-Ryu japonés.

A su regreso a Estados Unidos, autores como Patrick McCarthy, John Sells y Mark Bishop despertaron el interés de Russ por los orígenes del Goju-Ryu, lo que le llevó a buscar instrucción en la versión okinawense del estilo.

En este punto, Russ ha hecho numerosos viajes al extranjero para entrenar Goju-Ryu y Matayoshi Kobudo en Okinawa, y varios estilos de Fujian Gung Fu en Malasia, Singapur y Filipinas. Russ tiene certificaciones a nivel de instructor en Goju-ryu, Matayoshi Kobudo, Boxeo de los Cinco Ancestros, Ceja Blanca e Integrated Eskrima.

Russ se dedica a preservar, promover e investigar las tradiciones marciales de Okinawa, sur de China y Filipinas. Vive en Florida Central y trabaja en el sector de las tecnologías de la información. Está felizmente casado con su esposa, Nicole, y tiene un hijo, Dane. Russ tiene el honor de tener muchos amigos maravillosos, mentores y maestros en todo el mundo de las artes marciales.

Instructor 6ª generación – Goju-ryu Karate

Instructor 4ª generación – Matayoshi Kobudo

Instructor 8ª generación – Pak Mei (Ceja Blanca)

Instructor 6ª generación – Ngo Cho Kun (Boxeo de los Cinco Ancestros)

Entrevista con el Dr. Mark Wiley

P: **La gente le conoce principalmente como escritor, editor y propietario de Tambuli Media. Para aquellos que no conocen su larga y extenso historial en las artes marciales, ¿podría hablar a nuestros lectores de su experiencia en el entrenamiento y la enseñanza de artes marciales?**

R: De niño, en 1979, me dieron una paliza cuando volvía a casa del colegio. Mi madre me apuntó a clases de taekwondo. Me encantó y me enganché al instante. Empecé a ver "Kung-Fu Theater" todos los fines de semana y quedé hipnotizado por películas clásicas de Kung Fu como "Kid with the Golden Arms" y "Las 36 Cámaras de Shaolin", y por supuesto programas de televisión como "Kung-Fu" y "The Wild, Wild West". Las películas y los programas de televisión, combinados con las suscripciones a revistas como "Kick Illustrated", "Black Belt" e "Inside Kung-Fu", me hicieron soñar con una vida en las artes marciales.

Mis padres también tenían en sus estanterías libros sobre acupuntura, el zodiaco chino, budismo y el I-Ching. En todas las películas o programas de artes marciales que veía y en los libros que leía, el maestro de artes marciales era también un sanador, y siempre había un "manual oculto" que contenía los secretos del arte. La vida estaba clara para mí: debía dominar las artes marciales, las artes curativas y escribir libros. Empecé a entrenarme en diferentes artes cuando era adolescente y, cuando mis padres pedían comida china, ¡estaba en el cielo! A partir de los veinte años, empecé a viajar por Estados Unidos y Asia para estudiar directamente con los maestros de muchas artes sobre las que había leído.

A lo largo de los años, he reducido mi enfoque en las artes a tres vertientes. La primera es la Eskrima filipina, que me apasiona. He viajado docenas de veces por Estados Unidos y Filipinas para localizar, entrenar y entrevistar a los mejores maestros filipinos del mundo; hay unas tres docenas de ellos. Entre los que más han influido en mí, y en cómo he plasmado más tarde mi propia expresión del arte, se encuentran Remy Presas, Ángel Cabales, Herminio Binas, Florendo Visitacion, Ramiro Estalilla, Benjamín Luna Lema y Antonio Ilustrísimo.

El segundo arte de estudio profundo para mí es el Puño de los Cinco Ancestros de Fukien (Ngo Cho Kun, Wuzuquan), bajo la tutela de Sigong Alex Co, del Club Atlético Beng Kiam. En Occidente se sabe poco sobre el Puño de los Cinco Ancestros de Fukien, aunque es muy popular en el sur de China y el sudeste asiático. ¡Soy el único occidental que posee el linaje de este arte!

La tercera vía es el estudio del autocultivo a través de métodos de Qigong (desarrollo energético), Neigong (desarrollo interno), Weigong (desarrollo externo) y meditación. Junto a esto están los estudios de doctorado en medicina alternativa, medicina tradicional china y terapias de trabajo corporal. Como tal, esta formación me ha sumergido en la teoría de la estructura corporal, el equilibrio, el movimiento, la respiración y la recepción y expansión de la energía. Esto ha influido enormemente en mi entrenamiento a mano vacía y también ha ampliado la mecánica de mi entrenamiento de armas en AMF.

P: **¿Puede hablarnos un poco sobre los principios más importantes del Puño de los Cinco Ancestros de Fukien, y cómo afectan estos principios a la enseñanza y el entrenamiento de este arte?**

R: El Puño de los Cinco Ancestros de Fukien es un profundo sistema marcial basado en conceptos y principios de otros cinco estilos: Boxeo del Emperador, Boxeo del Monje, Boxeo de la Grulla, Boxeo del Mono, y los métodos de estructura corporal de Do Mo.

Hay varios conjuntos de principios o conceptos de movimiento que orientan la aplicación de las técnicas Ngo Cho Kun que se encuentran en las formas. Sin estos principios, su aplicación no será eficaz contra un oponente que se resista (que no se pliegue).

1. Desarrollo de la estructura corporal. Uno de los componentes clave es cómo desarrollar una estructura corporal fuerte que pueda recibir y desplegar (o emitir) fuerza. Cada forma de mano vacía dentro de Ngo Cho comienza con el Qi Kun o "puño inicial". Este breve conjunto contiene una serie de movimientos raíz que forman la base de todas las técnicas del sistema. También contiene el método de mantener el cuerpo en postura mientras se está estático, girando, elevando y bajando y hundiendo la energía en el Dan Tien (campo de elixir), que mueve la energía hacia arriba por la columna vertebral, hacia abajo por las piernas hasta el suelo, hacia fuera por los brazos y por el pecho.

Utilizamos una serie de "pruebas de presión" para entrenar y poner a prueba la fuerza de la estructura corporal y de la raíz, al tiempo que empleamos los conceptos de movimiento de "Flotar, Hundir, Tragar, Escupir" durante los movimientos de las manos. Cuando todos se combinan con una técnica, se denomina Ngo Ki Lat o la unidad de "Poder de las Cinco Partes".

2. Cuatro desplazamientos direccionales. Estos incluyen Flotar, Hundir, Tragar y Escupir y son métodos de desplazar la estructura corporal del oponente para desequilibrar levantando las extremidades o base (flotar); bajando sus extremidades o cuerpo (hundir); sacándolo de su equilibrio (tragar); y empujando su extremidad o tronco (escupir). Normalmente, se combinan dos de ellas para aplicar una técnica sólida. Por ejemplo, se puede emplear tragar y hundir al aplicar una inmovilización de brazo. Este concepto de desubicación direccional debe aplicarse a todas las técnicas de mano para contrarrestar eficazmente a un oponente.

3. Técnicas de mano simple y doble. Las técnicas de mano en Ngo Cho no se enseñan ad hoc, sino que se relacionan a través de cinco categorías: "mano corta simple", "mano larga simple", "mano corta doble", "mano larga doble" y combinaciones de "mano corta y larga combinadas". Al pensar así en las manos, las aplicaciones se basan en la posición de las extremidades. Las técnicas de doble mano larga, podrían aplicarse cuando ambas manos golpean o empujan simultáneamente al oponente. Sin embargo, también pueden aplicarse cuando una mano golpea la extremidad atacante mientras la otra golpea el cuerpo. La combinación de mano corta y larga da lugar a técnicas en las que se produce un agarre y un tirón junto con un golpe (p. ej., Kao Ta).

4. Teoría del Brazo Puente. Se trata de una teoría en la que se basan los principios de actuación del oponente. Son los métodos de "hacer un puente", "mover un puente", "romper un puente" y "evitar un puente", entre otros. El principio consiste en utilizar el puente (contacto del brazo) y aplicar los demás principios anteriores para obrar una técnica eficaz. Esta teoría nos dice qué hacer cuando el oponente golpea y nosotros nos enfrentamos o cuando bloquea nuestra contra ,cuando nuestros brazos están cruzados, etc. También es importante para saber cuándo dar una patada en Ngo Cho, ya que "no hay patada sin puente."

Por supuesto, el principio de aplicación más eficaz es combinar todo lo anterior en cada técnica. Cuando te atacan, utilizarías una técnica de mano, mantendrías tu estructura para recibir fuerza, emitirías fuerza para romper la estructura de tu oponente, utilizarías un método de puente, y desplazarías al oponente en una de las cuatro direcciones. Las formas en solitario y los sets de dos hombres comprenden las palabras del estilo, mientras que estos cuatro principios enseñan su lenguaje en la conversación.

P: **¿Puede decirnos cómo reformuló su aprendizaje de las artes marciales filipinas en un modelo basado principalmente en principios, y por qué sintió que era útil?**

R: Mi experiencia con los muchos maestros con los que entrené fue que algunos podían golpearme fácilmente, y otros no, incluso con la misma técnica establecida.

Algunos de ellos eran capaces de realizar desarmes específicos fácilmente sobre mí, mientras que otros forcejeaban con la misma técnica. ¿Cómo podía ser esto así si una técnica era una "técnica" y, por lo tanto, debería ser efectiva por cualquiera? Comprender este enigma ("¿Cuándo es buena una técnica y cuándo/por qué falla?") me llevó a un camino de descubrimiento de las AMF que finalmente me condujo al desarrollo de la Eskrima Integrada.

La Eskrima Integrada no es un nuevo estilo de FMA. Es una forma diferente de entender, ver y entrenar el arte. Cada técnica está dividida en varias áreas: Modo, Alcance, Puerta, Timing, Trabajo de pies, Ángulo. Una vez que comprendí cada una de estas áreas, y categoricé cada segmento de una técnica, me resultó fácil identificar por qué las técnicas funcionaban bien a sólo en algunas ocasiones. El cv de Eskrima Integrada está estructurado en torno al desarrollo de la comprensión y las habilidades que surgen a través de este enfoque compartimentado combinado con los conceptos de "Fuga" y "Flujo" y "Llenar huecos" y otros.

El entrenamiento básico incluye hablar mientras se trabaja. Por ejemplo, cuando practicamos un juego de pies decimos: "Esto me mueve de medio a largo alcance y viceversa, a la vez que cambia mi puerta de dentro a fuera". De esta forma, los alumnos aprenden los principios para aplicar el juego de pies (y los golpes y defensas) mientras los practican. Cada técnica tiene un alcance, un juego de pies, una energía de golpeo y un método. Al centrarse y desarrollarse a través de muchas áreas, los estudiantes realmente obtienen una visión profunda en la aplicación de las AMF ampliamente en un corto período de tiempo.

Fuentes / Referencias

Chen, Huoyu. *Nan Shao Lin Wu Zu Quan.* Taibei Shi: Da Zhan Chu Ban She You Xian Gong Si, 2012. Print.

Cheng, Thomas. *Pak Mei Kung-fu Developed by Master Thomas Cheng.* Tin Wo Press & Publishing Co., Ltd., 2009

Choi, Sam. *Master Sam Choi Pak Mei Kung-fu & Chinese Culture.* Tin Wo Press & Publishing Co., Ltd., 2011

Co, Alexander L. *The Way of Ngo Cho Kun Kung Fu.* Jafaha Publications, 1983

Co, Alexander L. *Five Ancestor Fist Kung-fu: The Way of Ngo Cho Kun.* Rutland, VT: Charles E. Tuttle, 1997. Print.

Gang, Li. *He Quan Shu Zhen.* Tai Bei: Yi Wen Wu Zhu Wen Hua You Xian Gong Si, 2011. Print.

Han, Jin Yuan. *Fundamentals of Nan Shaolin Wuzuquan*, Vols 1-8, First Edition. Print.

Hiroshi, Takamiyagi. *Gosoku Kenpo.* 2013. Print.

Kinjō Akio. *Karateden Shinroku: Genryūgata to Denrai No Nazo O Toku.* Tōkyō Chanpu, 2005. Print.

Kinjō Akio. *Karateden Shinroku: Genryūgata to Denrai No Nazo O Toku 2.* Tōkyō Chanpu, 2005. Print.

Kōchi, Yūji. *Shōrin Zenji Den Seitō Hakkakuken.* Tōkyō Fukushōdō, 2004. Print.

Li, Zailuan. *Fu Jian He Quan Mi Yao.* Xin Bei Shi: Wu Zhou, 2011. Print.

Liang, Weiming. *Zhongguo Wu Gong Tu Dian = Iconographic Dictionary of Chinese Traditional Kung-fu.* Xianggang: Tian He Chuan Bo Chu Ban You Xian Gong Si, 2010. Print.

Liu, Yin Shan. *(Chinese) White Crane Gate. Feeding Crane Boxing.* 1973. Print.

Liu, Yin Shan. *(Chinese) Feeding Crane Secrets.* Print.

Liu, Gu, and Yu-zhang Su. *Bai He Men Shi He Quan.* Tai Bei Xian Zhong He Shi: Wu Zhou, 2005. Print.

McCarthy, Patrick. *The Bible of Karate. Bubishi.* Tokyo: Charles E. Tuttle, 1997. Print.

Nisan, David S. *The General Tian Wubeizhi: the Bubishi in Chinese Martial Arts History.* Lionbooks Martial Arts Co, 2016. Print.

Pan, Changan. *White Crane Sacred Hand.* 2008. Print.

Pang, Williy. *Pak Mei Kung Fu: Martial Concepts & Training Methods.* New York: TNP Multimedia, 2011. Print.

Su, Yinghan. *Yong Chun White Crane Boxing Overview.* Xiamen University Press, 2016. Print.

Wang, Yi Ying. *Minghe Quanpu (Shouting Crane Boxing Manual).* Print.

Watts, Martin. *Yong Chun White Crane Kung Fu.* Lulu Press. 2017. Print.

Wiggins, Grant P., and Jay McTighe. *Understanding by Design.* Alexandria, VA: Association for Supervision and Curriculum Development, 2008. Print.

Wiley, Mark V. *Mastering Eskrima Disarms.* Spring House, PA: Tambuli Media, 2013. Print.

Wong, Yiu Kai. *Bai Mei Martial Arts Series No. 1: Zhi Bu Biao Zhi.* Twin Age Ltd., 2012

Wong, Yiu Kai. *Bai Mei Martial Arts Series No. 2: Jiu Bu Tiu.* Twin Age Ltd., 2012

Wu, Feng. *South Family Crane Boxing Applications and Drills.* 2015. *Print.*

Xin, Chaoshe. *Fu Jian Shao Lin Quan.* Tai Bei Shi: Xin Chao She Chu Ban, 1994. Print.

Xu, Jindong, and Ye, Qinghai. *Wuzuquan Illustrated* 五祖拳圖說. Print.

Yang, Jwing-Ming, and Shou-Yu Liang. *The Essence of Shaolin White Crane - Martial Power and Qigong.* Jamaica Plain (Mass.): YMAA Publication Center, 1996. Print.

You, Fengbiao. *Zhong Hua Rou Shu Da Quan.* Tai Bei Shi: Yi Wen Wu Shu Wen Hua Chu Ban, 2008. Print.

Yu, Chiok Sam. *Chinese Gentle Art Complete: The Bible of Ngo Cho Kun.* Tambuli Media, 2014

Zheng, Weiru, and Jieping He. *Zheng Weiru Bai Mei Gong Fu.* Xianggang: Tian He Chuan Bo Chu Ban You Xian Gong Si, 2009. Print.

Zhou, Kunmin. *Quanzhou Tai Zu Quan.* Xianggang: Tian Di Tu Shu You Xian Gong Si, 2007. Print.

Zhou, Kun Min. *Quanzhou Taizuquan: The Art of Fujian Emperor Fist Kung-Fu.* Tambuli Media, 2017. Print.

Zhou, Mengyuan. *Wu Zu Quan Zhi Sheng Qi Zhao.* Beijing: Beijing Ti Yu Da Xue Chu Ban She, 1996. Print.

Zhou, Mingyuan, and Zhiqiang Zhou. *Nan Shao Lin Wu Zu Quan.* Fuzhou: Fujian Ren Min Chu Ban She, 1998. Print.

Links y errata

En Burinkan.org encontrarás enlaces a ejemplos y erratas, así como gráficos murales que podrás exponer en tu escuela.

Apéndice A
Ejemplos de palabras clave

Además de los principios, las palabras clave son muy comunes en las artes marciales, especialmente en las artes marciales chinas. A continuación presentamos una colección de "sets" de palabras clave que encontramos en muchas artes marciales. Merece la pena considerar y explorar cada conjunto.

Calentamiento Práctica Estudio/Experimentar Vuelta a la calma	Practicantes Coaches Profesores Innovadores/Desarrolladores/ Adaptadores	Relajado (Suave) Arrebato (Duro)
Puño Patada Proyección/Barrido/Desequilibrio Inmovilización/Rotura/Estrangulación	Aprender Dominar Transcender (Shu-Ha-Ri)	Alto Medio Bajo
Entrenar Enseñar Aprender Ejercitar	Principios - Fa Atributos - Gong Técnicas - Xing	Alto (Medio) Bajo
Observar Orientar Decidir Actuar	Básico Intermedio Avanzado	Manos arriba Manos abajo
Preservar Promocionar Investigar	Kihon Kata Kumite	Flotar Hundir
Defensa Ataque	Solo Con compañero	Tragar Escupir
Singular/Aislado Combinación	Interior Exterior	Recibir Mandar
Quieto En movimiento	Circular Directo	Realismo Seguridad

www.ingramcontent.com/pod-product-compliance
Lightning Source LLC
Chambersburg PA
CBHW081348230426
43667CB00017B/2759